ちくま文庫

ひきこもりはなぜ「治る」のか？

精神分析的アプローチ

斎藤環

はじめに

二〇〇六年の九月から一一月にかけて、私は社団法人青少年健康センターが主催する理論講座「不登校・ひきこもり援助論」の講師を務めました。

この本は、全六回に及んだその講座の記録をもとに、大幅に加筆修正をほどこしたものです。

この講座の目的は、ひきこもりの支援や治療のあり方について、主に理論的な面から解説することでした。

今までの私の著書や講演は、もっぱら具体的な方法論を中心としたものばかりでした。もちろん、それはそれでわかりやすく実践的であるとの評価をいただいたこともあります。しかし本来なら、まず理論があって、その応用としての実践があるというのが、物事の順番であるはずです。

「ひきこもり」問題の急速な拡大に対応すべく、とりあえず実践的知識の普及に努めた方針は、間違いではなかったと今でも思います。しかし、メディア上のブームが去って、ひきこもりが日常の風景に溶け込みつつある今、私は基本に立ち返る必要を痛感しつつあるのです。

『なぜ「治る」のか?』という、ちょっと奇妙なタイトルには、いろいろな意味が込められています。その一つは、「必ずしも病気とはいえないひきこもりを治療するとはどういうことか?」という問いかけです。

そう、ひきこもりは、それだけでは病気ではありません。だからこそ、社会参加に際しては、さまざまな支援や対策が有効であり得ます。

しかし、ひきこもりは治療によって「治る」こともある。ならばその過程は、精神医学的に、というよりは精神分析的に、どう理解することができるのか。その理論的背景を理解することは、治療の視点のみならず、支援の立場にとっても有益であると思います。

私は精神分析医ではありません(「日本精神分析学会」と「日本ラカン協会」のメンバーではありますが)。分析理論の知識は、ほとんどが論文や書物を通じて学んだものばかりです。なかには知識の偏りや誤解が含まれているかもしれません。しかし率直なところ、臨床家としての私は、「正確な知識」などどうでもいい、と考えているところがあります。

臨床で一番大切なのは「考え方」です。理論というものは、「考え方」を鍛え、より複雑で洗練されたものにしていくうえで重要なのです。その意味では本書も「考え方」の基本については、ぶれていない自信があります。

さまざまな実践と理論の背景に、どんな「考え方」が秘められているのか。その〝手触り〟を確かめながら、ゆっくりと読みすすめていただけたら幸いです。

目次

第3章 コフート理論とひきこもり——77

第6章　ひきこもりの個人精神療法——177

ひきこもりはなぜ「治る」のか?
――精神分析的アプローチ

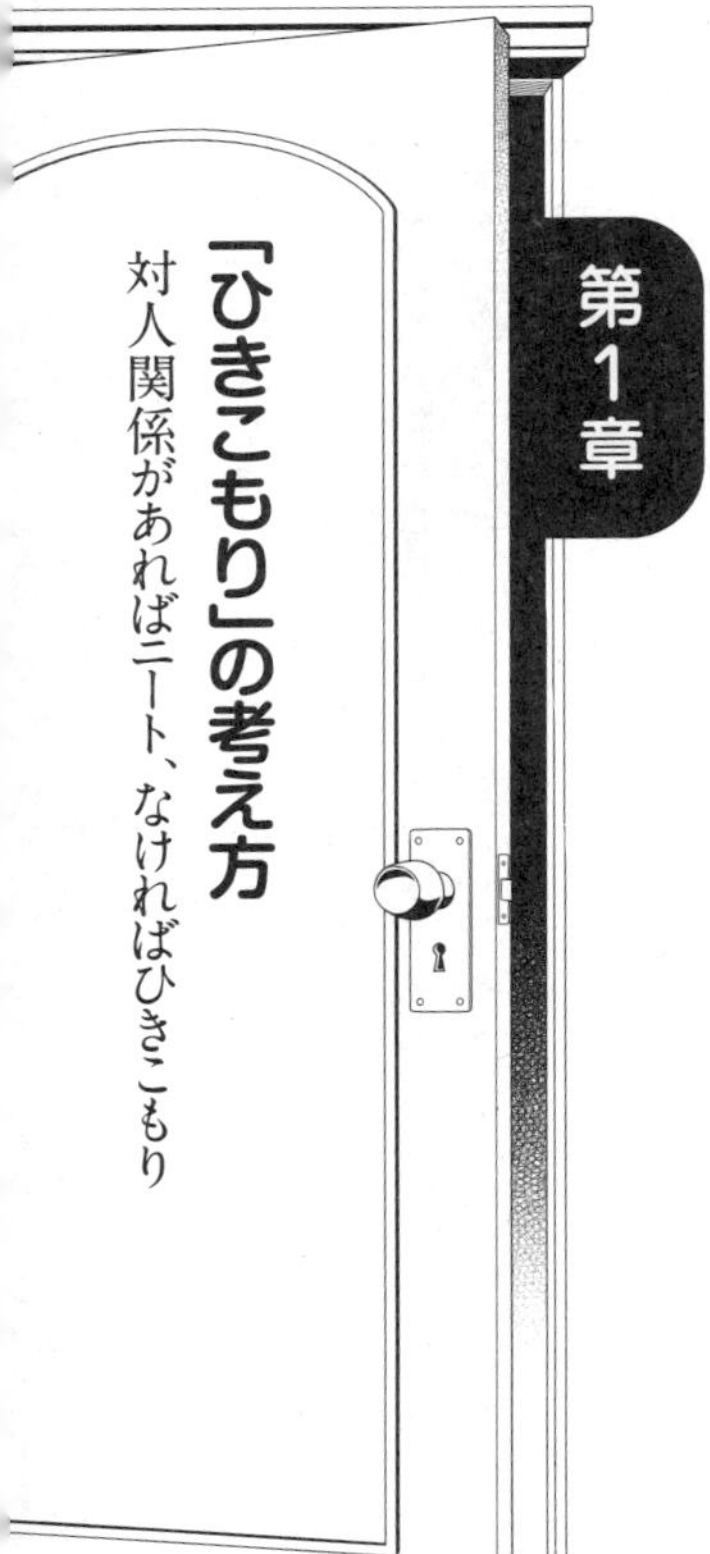

第1章

「ひきこもり」の考え方

対人関係があればニート、なければひきこもり

「ひきこもり」はかかわりたくないもの？

いかがわしいものとみなされている

この章ではまず、「ひきこもり」の考え方について、大まかなところを理解していただこうと考えています。

「ひきこもり」という言葉は、いわれはじめてからもうずいぶんたちましたが、まだその素性がいかがわしいものとみなされているところがあります。

今でも漠然と病気みたいに思われていますが、必ずしもそうではない。少なくとも、診断名や病名ではありません。では教育の言葉かといえば、そうともいえない。かといって「ニート」のように、経済学の言葉でもありません。そういうあいまいな状況がずっと続いていて、これがこの言葉のわかりにくさの一因となっています。

私は、こういうわかりにくさにも価値があると考えています。ただ、わかりにくいままでは誤解のもとになることもあるでしょう。ここで私が「ひきこもり」にかかわることになった経緯を簡単に述べてみたいと思います。

私は今、単科の精神科病院で勤務医をやっています。とりたててひきこもり専門病院というわけではないのですが、自然にそれに近い状況になっているのは事実です。もちろん私自身、ひきこもりの患者さんばかり診ているわけではありません。私の外来には、うつ病や統合失調症、人格障害や認知症などの患者さんもたくさん通ってきます。

学会などに所属する立場としてみていると、日本の精神医学の現状には、不可解な点がたくさんあります。一番わからないのは、思春期や青年期のメンタルヘルスがこれほど問題にされているにもかかわらず、この分野の標榜科目がいまだに存在しないことです。

もちろん、まったく存在しないといえばうそになりますが、ほぼないに等しい状況です。だから、大学の講座にも、こういう科はほとんどありません。全国でも三カ所の大学にしかないという話を聞いたのは、つい最近のことです。不登校やひきこもり、家庭内暴力の問題についてどう対応するか、いまだに専門家の間でも意見がまとまらないのは、そういう事情もあるのでしょう。

ならば、私がその専門家であるかのように振る舞っているのはなぜか。謙遜抜きでいうのですが、私は制度上は、「自称・専門家」ということになります。理由は簡単で、わが国には児童青年期精神医学の専門医を認定する制度もなければ、研修機関も存在しないからです。（一応学会の認定制度はありますが）。

私は筑波大の社会医学系の大学院で、故・稲村博氏の指導を受けました。稲村氏は、もともとは自殺学や帰国子女の問題などを専門にしていた方ですが、当時は思春期や青年期のさまざまな不適応問題に取り組みつつありました。ちょうど八〇年代に出した『思春期挫折症候群』（新曜社）という本がロングセラーになっていて、稲村研究室には、全国から治療相談の依頼がひっきりなしに寄せられていました。

私が稲村研に入局したのは、一九八六年です。当時私たちは、大学病院の外来で不登校や家庭内暴力などの相談に応じていましたが、そのなかに、今でいえば、ひきこもりに当たるようなケースがたくさんあったのです。

ひきこもり問題は、九〇年代から急速に増えたのではないかと誤解されがちですが、実はそうではありません。少なくとも八〇年代にはもう、まったく珍しい存在ではありませんでした。ただ、九〇年代以降になって、にわかに注目を集めるようになっただけなのです。

人間関係そのものが治療的な意味をもつ

ともあれ私は、ろくに臨床の経験もないまま、いきなりそういう患者さんや家族に対応せざるを得なくなってしまいました。なにせ、その当時は精神医学の教科書はおろか、海外のどんな文献をひもといても、この種の問題についての診断や治療のやり方は書かれていなかったのです。かといって、指導教官の稲村氏から、特別な指導があったわけでもない。私たち研究生は、ほとんど手探り状態で治療に取り組んでいました。

診断や治療法がわかっていないのに、診療行為ができるのか。そういう疑問もあろうかと思います。しかし、例えばひきこもりの人が訴える症状には、対人恐怖であるとか強迫症状であるとか、いろいろな精神症状があります。そういう症状に対しては、カウンセリングや薬などの治療を行うこともできたのです。

ひきこもりに対しては、人間関係そのものが治療的な意味をもちます。治療者が本人と安定した関係をもつこと自体に治療効果があるのです。だから、本人の言い分を頭ごなしに否定したり、叱ったり批判したりすべきではありません。議論や説得もできるだけ控えて、とりあえず言い分をちゃんと聞くという姿勢を示すこと。そうすることによって信頼関係を築かなければなりません。

新米医師には技術はありませんが、その分誠実に患者さんに向き合います。これはいってみれば「ニセ医者の良心」みたいなものかもしれませんが、そうした誠実さにも治療効果がないわけではありません。もともとひきこもりには軽症の人が多いということもあって、辛うじて治療行為は成立していました。今にして思えば冷や汗ものですが。

しかし、さすがに二〇年以上もこの問題と向き合っていると、それなりにノウハウも蓄積されます。困っている人が大勢いて、われわれには自前のノウハウがある。ならば、学会や一般向けに、そうしたノウハウを公開していこう。少なくとも私はそのような意図をもって、論文や著書を書いてきましたが、どれほど伝わっているかは自信がもてません。ひが目かもしれませんが、多くの精神科医にとっては、ひきこもりはできればかかわりたくない問題のままのようにも思えます。

ひきこもり状態≠統合失調症

ひきこもり問題の精神医学的な位置づけについては、『社会的ひきこもり』（ＰＨＰ新書）や『「ひきこもり」救出マニュアル』（ＰＨＰ研究所）などに詳しく書きましたので、ここでは繰り返しません。ただ一点だけ、現在私が最も懸念しているのは、ひきこもり状態＝統合失調症、のような理解が、まだまだ安易になされすぎている、という点です。

確かに、三〇年以上前なら、こういう乱暴な診断が通用したかもしれません。しかし時代とともに病理のありようも変わりました。精神科医は、自分たちの診ている対象が、普遍的で揺るぎないものと思いすぎてはいないでしょうか。こうした「誤診」によって大量の向精神薬を飲まされたり、強制的に入院させられたりしている事例の話を聞くたびに、同業者として残念に思います。

若者論のなかのひきこもり

弱者となっていく若者

ひきこもりについて理解する場合には、それを一つの独立した問題としてとらえるよりは、それが増加した背景も含めて理解する方がいいでしょう。増加の原因の一つに若者という存在の変貌があるとすれば、それは果たしてどんなものか。

若者論ばやりの昨今ですが、そのほとんどは十年一日のような、紋切り型の嘆き節です。とりわけ、はじめに批判ありきの若者論のお粗末さはひどいものです。いったい若者はキレやすくなっているのか、コミュニケーション能力が低下しているのか、凶暴になっているのか、絶望的になっているのか。これらの矛盾した要素を一つにまとめるのは不可能です。

しかし若者全体をみようとするならば、統計的にも犯罪率は低下しつつあり、「凶暴化する若者」というイメージはフィクションといえます。むしろ注目されるべきは、社会的弱者としての若者の方でしょう。

「ひきこもり」もそうですが、最近でいえば、ワーキングプアであるとか、ニートであるとか、彼らは就労そのものが大変困難な状況に置かれています。これを彼らの自己責任とみなす意見もありますが、私は賛成できません。若者が意欲を失い弱者化していくのは、日本社会の構造的な問題であるとする研究者もたくさんいます。

若者の失業率は、改善しつつあるとはいえ、八％以上という劣悪な水準にあり、従来わが国には少ないとされていた若年ホームレスも増加しつつあるといいます。成熟社会であるにもかかわらず、若者が弱者化していくという現象は、今やわが国に限らず、先進諸国で共通の課題となっているといってもいいでしょう。

イギリスでもアメリカでも、ヨーロッパ主要五カ国、どこでもこの種の問題というのは社会問題ですから、就労をいかに援助するかということは、一つの大きな社会的テーマになっています。むしろ若者の置かれている状況は、欧米の方がずっと不安定なものであるようです。

コミュニケーション能力と欲求不満耐性

この問題は、成熟の問題とも関連してきます。われわれの臨床において、成熟ということをどう考えるか。まず注意してもらいたいのは、成熟について考える場合に、あまり価値判断に即して考えるべきではない、ということです。なぜなら、もはや単純に「未成熟よりも成熟の方が良い」とすらいえなくなりつつあるからです。

社会的価値判断について考えるならば、例えば、しばしばいわれる成熟の定義として、「自分の行為に自分で責任がとれる状態」というものがあります。もちろんそういう考え方もあっていいと思いますが、精神医学的には別の表現になるでしょう。

一つは、まずコミュニケーション能力、それからもう一つの軸は欲求不満耐性、この二つの軸が想定されるわけです。コミュニケーション能力というのは、単なる情報伝達能力だけではありません。情報よりも感情の方が重要になってきます。相手の感情を適切に理解し、相手に自分の感情を十分に伝達する能力のことです。

情報伝達だけだったら、子どもでもできます。賢い子どもだったら、巧みに情報を伝達することだけなら大人よりも上手な子もいるでしょう。ただ、感情を読んだり、自分の感情を適切に表現するためには、ある種の成熟度がどうしても必要になります。これは大人でも、非常に非社交的だったり、内向的な人にとっては、なかなか難しい場合があります。

むしろ、そういった人にとっては、感情というのは決して表に出してはいけないものだったりするし、自分の感情を出すまいとしている人はしばしば相手の感情が読めなくなります。この辺りは相互的なものです。だから感情を押し殺そうとする傾向というのは、感情に対する鈍感さにつながるわけです。というわけで、感情のコミュニケーション能力というのは一つの成熟度の指標となります。

それから、もう一つの欲求不満耐性。これは何かというと、欲求の実現が待てるかどうかということです。何かが欲しいとか、何かをして欲しいなどと思ったときに、その実現を楽しみにして待つことができるかどうか。これが乏しい人が、いわゆるキレやすい人と呼ばれ、欲求が叶えられないとキレて暴れたり、カッとなって怒鳴ったりするわけです。そういう人は、やはりどこか未熟な人といわざるを得ません。

そして、この二つの軸は直交する軸となります。例えば欲求不満耐性が高く我慢強い人は、しばしば相手の感情や自分の感情に対しては鈍感だったりすることがあります。それはその人が、抑圧されることに慣れすぎてしまっているせいなのかもしれません。抑圧する形で適応してきた人は、欲求不満耐性は高いけれども、感情のコミュニケーション能力には劣るということがときに起こり得ます。

逆に、感情の読みが巧みな人、感情表出が得意な人は、コミュニケーションが一般的に巧みなので、欲求を実現する能力が高いのです。しかしその分、欲求不満耐性が低いままでいってしまうことがしばしばあります。だから、コミュニケーション能力は高いけれどもキレやすいという人が大勢います。

日本においては、学校社会と一般社会とでは適応のあり方がまったく違います。例えば学校社会の中でも、感情表出が得意な人は、しばしば人気者になれますが、学校の外では、その欲求不満耐性の低さゆえに、なかなか適応が難しくなる場合もあるのです。

成熟とは何か

ダブル・バインド

それから、もう一方で、これは私が『家族の痕跡』（ちくま文庫）という本のなかでいってきたことですが、日本的なダブル・バインドという状況があり得ます。日本的ダブル・バインドというのは、もともとの「ダブル・バインド」という言葉から説明しなければなりませんが、これは二重拘束といって、言葉と態度が裏腹の場合に起こるものとされています。

つまり、あなたが大事だ、愛しているといいながら、足を踏んづけている状態です。そういう状態が二重拘束、ダブル・バインドといわれていて、普通人間というのは、言葉と態度で裏腹なメッセージを示されれば、自然と態度を重視するようになっています。しかし、その辺りの判断力が未熟な子どもにとっては、そういう二重のメッセージというのは混乱しか招かないのです。

そして、混乱した子どもは、ますます親にしがみついたり、統合失調症になったりするなどということが、かつていわれましたが、少なくとも統合失調症に関しては、ダブル・バインドが原因ではありません。

ただ、子ども時代からそういうダブル・バインド的なコミュニケーションにさらされ続けると、成熟の過程においても、いろいろな混乱が起こってくるということはいえるのではないかと思います。

そこで日本的なダブル・バインドですが、実は先ほど説明したのは、アメリカで起こりやすいダブル・バインドなのです。これを提唱したグレゴリー・ベイトソンという人は、大変著名なアメリカの文化人類学者です。アメリカの家庭では、親は言葉では愛しているといいながら、態度は非常に冷たいことがあります。子どもに対して、かなり突き放した態度をとるのです。

これは病因論としては、必ずしも正しくないのですが、コミュニケーション理論における問題の指摘としては、大変優れていたと私は考えています。そこで私はこれを応用して、日本では、逆のダブル・バインドがあるのではないかと考えたわけです。

言葉で否定しながら抱きしめている

どんなものかというと、典型はひきこもり家庭です。

よくひきこもりの親は子どもに甘いという言い方をしますが、私は必ずしもそうは思わない。甘いという割には、小言はしょっちゅういっている。つまり口ではたくさん小言をいう、批判的、否定的な発言をしていることが多い。でも、食事の世話から洗濯まで、身の回りのことは全部やってあげている。アメリカのダブル・バインドとは逆に、言葉で否定しながら、たえず抱きしめているわけです。

これこそが、日本の場合、最も典型的にみられるダブル・バインドだということです。

家族の特殊性

同居に対する抵抗のなさ

よく、ひきこもりは日本に特有の問題であると誤解されています。しかしひきこもりが多いのは日本ばかりではありません。実は韓国でも急増中といわれています。ちなみに韓国語では「ウェットリ（ひとりぼっち）」と呼ぶそうです。

日本と韓国に共通するのは、まず何よりも「急速に近代化された儒教文化圏」ということです。

ただし儒教文化圏といっても、かなり形骸化した儒教文化です。儒教というものの規範として、大事なものは親孝行、忠と孝です。そして、忠と孝をどっちかとれといったら、孝をとるのが儒教文化圏です。

親に対して尽くすこと、親の面倒をみること、これが最高の美徳とされる価値判断が意外に残っていて、その名残が、子どもが成人後も親と同居し続けることに対する抵抗のなさにつながっていると、私は考えています。

逆にいうと、そういう伝統がない社会では、子どもというのはどちらかといえば部外者ですから、成人まで育ったら後は出ていくしかありません。日本や韓国でそうならないのは、子どもは家のなかにとどまって、大きくなったら親孝行するのが当たり前と考えられているからです。

ですから、神田橋條治《じょうじ》さんという精神分析家は、日本においては、自立の最もまずい形が家出であり、最も望ましい形は親孝行であるという名言を残しています。その意味では、子どもが家から出るということは、かなりの緊急事態なのです。「出家」なんていう言葉は、ほとんど世を捨てるような行為を意味するわけですから。ともあれ、家にとどまって親孝行するのが最も理想的な成熟形態という価値判断は、いまだに根強いものがあると私には思えます。

親孝行してもらうつもりかどうかは別として、家のなかに大人になった子どもが同居してることに対して、別に何の違和感もないという感覚は、日本人にとっては当たり前のものです。そういう感覚があると、いつの間にか子どもが大人になっても、まだかわいいわが子という感覚がなかなか抜けきらないので、「うちの子は」みたいな言い方をついしてしまう。そういう文化圏がないところからみると、異様なほどの親子の密着関係にみえても不思議ではありません。

これは近代的なインフラの上に、あえていえば前近代的な人間関係が温存されているという図式なわけで、この点も韓国と日本に共通しています。

失敗しても居場所がある

こういう言い方をすると、私は日本の家族関係を非難しているようにとられるかもしれません。しかし私は、これらは功罪相半ばするか、むしろ功の方が大きかった部分もあると考えています。

親子同居、大人になった子どもが家にいることを容認する家族が多いということは、何を意味するのでしょうか。一つは、そういう関係のなかで適応に失敗すると、不登校やひきこもりが起こりやすいということです。これは当たり前です。しかし見方を変えると、これは適応に失敗した若者にも居場所があるということでもあります。若者はドロップアウトしても、家庭が温かく支えてくれるという言い方もできるわけです。

こういう支えは欧米ではほとんど期待できません（イタリアなどは多少あるようですが）。一般に欧米では、成人した子は家から出されてしまうため、しばしばヤングホームレスと呼ばれる存在になりやすいのです。二〇代からもう家のない状態で、薬物中毒になったりとか、犯罪に走ったりとか、一部はそういうホームレスの生活に入っていくわけです。

日本にはまだ、ヤングホームレスの数はそれほど多くありません。理由の一つは、適応できないと家にこもってしまうからです。そういう家の存在はメリットかデメリットかといえば、私は明らかにメリットの方が大きいと思います。

家の外に出されて、就労などの社会適応に失敗した若者は、部分的には、犯罪や薬物依存といった反社会的行動に走る可能性が高くなります。中高年のホームレスにはそこまでのエネルギーはありませんが、ヤングホームレスや若いドロップアウト組というのは、自分を追い出した社会に攻撃性を向けてくる可能性があります。それゆえ社会防衛的な視点に立つと、ドロップアウトした若者を家庭で支えてくれる社会というのはそう悪くありません。

それぞれの家庭が支えてくれますから、コストもたいしてかかりません。政府が若者の反社会的行動対策に当てる予算を節約できるという意味ではメリットもある、ということです。これは皮肉でも何でもなく、私は本気でそう考えています。ただ、この「伝統」も、これからだんだん廃れていく可能性が高いでしょう。

今、四〇歳代ぐらいの、ちょうど三〇年前に思春期だった子どもたちが大人になって、その次の世代が成熟し始める。この辺りから、成人した子どもを親が支える伝統は、どんどん希薄化していくと思います。一つの理由は、現在四〇歳代の親たちは、かつての親たちと違い、かなり自己中心的に振る舞う傾向があるためです。もはや、何があっても自分の生活を犠牲にしてわが子を支えるという時代ではなくなりつつあります。親の世代交代が進めば、若者たちもまた、新しい問題を抱えることになるのかもしれません。

不登校の問題

不登校やひきこもりはある種のメッセージ

現在（二〇〇八年）、不登校の人口は一二万人台で推移しています。ピーク時の二〇〇一年には一三万九〇〇〇人だったことを考えるなら、減少傾向にあるといってよいでしょう。しかし小中学生だけで一二万人台という数は、安心できるものではありません。いくつかの調査研究が明らかにしているように、不登校から長期に及ぶひきこもりに至るケースは少なくないからです。そうした長期化を防ぐためにも、不登校段階から何らかの対策が必要です。

不登校に対する対応として、ひところよく「登校刺激の禁止」みたいなことがいわれました。これは、もともとの文部省（当時）通達の文言には「不適切な登校刺激」はよくないと、ちゃんと「不適切」と入っていたのですが、途中から、「登校刺激の禁止」という形で教条化されてしまったのです。その結果、いかなる登校刺激もすべていかんということになってしまいました。悪いことにこれが、不登校にかかわりたくない学校の先生方にとって、格好の口実を与えることになってしまいました。

例えば担任している子どもが不登校になった場合、「登校刺激は一切ダメだ」と思い込んでいれば、「刺激しないで、ともかく見守りましょう」という話になるわけです。結果的に、有効かもしれない家庭訪問もほとんどしないので、生徒とのかかわりがどんどん切れていくという結果になります。

二〇〇三年に文科省で「不登校問題に関する調査研究協力者会議」が開催され、そこでの話し合いの結果として、登校刺激の禁止については大幅に見直しがなされました。今後の望ましいあり方としては、登校刺激というのは教条的に一切禁止とするのではなくて、それが有効かどうかよく見極めたうえで、必要な場合は登校刺激もする、という方向に軌道修正が加えられたのです。私はこれは適切な判断だったと考えています。

不登校への対応のあり方というのは、ひきこもりの対応に関しても大変参考になりますから、ここで少し述べておきます。まず考えていただきたいのは、不登校とかひきこもりという行為は、必ずある種のメッセージを含んでいるということです。本人が何かを訴えようとしているものとして、周囲は理解する必要があります。一概に「困った現象」として、頭ごなしに否定したり叱ったりするのではなくて、とりあえずメッセージとして理解を試みることをお勧めします。

もちろん本人が、本当にメッセージをもっているかどうかはわかりません。これは私がよくいう、「治療的な先入観」というものです。これは何かを訴えているに違いないと考えながらしばらく付き合っていくと、本当に本人がいいたいことがみえてきたり、解決の糸口がみえてきたりすることがあり得ます。その意味で、問題を一つのメッセージとしてとらえるということは、本人の気持ちに近づきやすくするという意味からも有意義なのです。

子どもが元気になるかが問題

もう一つ、不登校に関して大事なことは、「再登校させるかどうか」ということを、あまり最初から問題にすべきではないということです。不登校をめぐる議論がずっと錯綜《さくそう》しているのは、「再登校是か非か」という議論に話が終始しがちだからです。この「再登校是か非か」という問題は、必ずイデオロギー論争になってしまいます。学校が好きな大人は学校に行かせようとするし、学校嫌いの大人は、学校はダメだから行かせるなというし、そういう部分で非常に不毛な争いに陥ってしまうわけです。

しかし、それは大人の事情でしかありません。そういう事情をそのまま子どもに押しつけることで、二重に間違いを犯してしまうことになるのです。

ここでしっかりと考えていただきたいのは、「再登校是か非か」が問題ではないということです。再登校させるべきかどうかは問題ではない。それでは何が問題か。「どうすれば、子どもが元気になるか」こそが問題なのです。つまり、治療や支援の目標は「元気」なのです。

あっけないほど単純な目標設定です。しかし、これは意外と見落とされがちな問題です。不登校に限らず、ひきこもりにしても、ニートにしても、常に見落とされ続けてきた問題だといえるでしょう。

これはひきこもりでいえば、「どうすれば本人を、早く確実に社会参加させられるか」という点にばかり焦点が当たってしまうような事態です。そちらに注目しすぎると、「どうすれば本人がよりくつろぐことができて、最終的には元気になれるか」という問題が無視されてしまうのです。

不登校やひきこもりに関しては、何が何でも再適応すべしという一派と、何が何でも適応から解放させるべしという一派との不毛な対立がずっと続いていたように思います。治療や支援の目標が「本人が元気になること」であるならば、いずれもそんなに異論は出なかったと思うのですが。

「元気」という目標については、もうちょっと広く応用できるような言い方に直すならば、「より良い状態」と言い換えてもいいでしょう。「どうすれば個人としてより良い状態になれるか」ということに焦点を当てて考えれば、問題解決の方向性はいかに多様であるか、いかにその人それぞれに向いた方向性があるかということが、もう少しみえてくると思います。

病気の治療と違うところは、元気になるための万人向けのマニュアルなどない、という点でしょうか。「元気」という目標設定は、その意味では「問いの立て直し」と考えることもできます。

どうすれば元気になるか

不登校に話を戻しましょう。「元気」ということを考えるなら、とりあえず休養が必要ということはわかりますね。いろいろな無理を重ねてくたびれきって不登校になっている子が多いわけですから、とにかくいったん休ませる。いったん休ませたら、次にどうするか。

休ませ続ける方がいい子もいれば、転校するのが向いている子もいる。あるいは、通信制や定時制、フリースクールやホームスクールといった、別の選択肢で元気になれる子もいる。集団生活がどうしても難しければ、高等学校卒業程度認定試験を受けて上の学校をめざすという方法もある。ここで、忘れてはいけないもう一つの選択肢が、もとの学校に再登校することで元気になる子もいる、という事実です。

さまざまな方向をよく吟味しないで、いきなり「再登校是か非か」のみを問うのはあまり意味がありません。その子に何が向いているかということを、時間をかけて、よく吟味する必要があります。そういった吟味をするためには、とにかく十分にかかわる必要があります。

不登校で困っている子どもに対しては、しばしばこちらも予備知識を捨て、ある程度白紙の状態で深くかかわっていく必要があります。深くかかわればかかわるほど、だんだんその人本来の問題の方に焦点が移っていって、不登校問題というのは全体の問題のごく一部でしかなかったということに気づかされることもよくあります。もうそうなってくると、不登校というレッテルはどうでもよくなってしまいます。

そういうこともあるので、「不登校を何とかしなくちゃ」と思いながらかかわるよりは、「どうすれば元気になるか」という問題意識をしっかりもってかかわる方がずっと実りが多いのです。

今の対応が合っているか、適切かどうかということは、その子どもがより良い方向に向かっているか、より元気がなくなる方向に向かっているかをその都度みながら判断してゆけば、そんなに大きく間違った方には行かないだろうと思います。

ときには「少々厳しくても、不愉快な思いをさせてでも、この子のためを思って」みたいな荒療治をすすめる方もいますが、これは治療者や親の判断が絶対に正しいという確信を押しつけるばかりで、あまり意味があるとは思えません。やはり本人の反応をよく見極めつつ、一緒に手探りをするように対応をあれこれ工夫していくという雰囲気そのものが、治療的な意味をもつでしょう。

不登校の対応をあまりマニュアル的にやってしまってはまずいのは、そういう工夫や試行錯誤の部分が乏しくなってしまうからです。最初から答えが出てしまうと、意見が多少ぶつかり合ったりとか、摩擦したりもみ合ったりとか、そういうかかわりを深めていく過程が飛んでしまうのです。そういう過程をすっ飛ばして、いきなり専門家に結びつけたり、いきなり正解と思われる対応法に一〇〇%切り替えてしまうといった、そういう機械的な操作だけでは、なかなか子どもも安心して元気になれません。

そういう事態を避けるという意味でも、目標としての「元気」にこだわることは、工夫し合う関係性を発展させていくためにも大切なのではないかと思います。

ニートとひきこもり

ニートの定義

さて、ここまでニートの説明がすっぽり抜けていましたが、ニートというのは簡単にいえば「若年無業者」のことです。日本での定義を紹介するなら、「仕事をしない、失業者として求職活動もしていない非労働力のうち、一五歳から三四歳で、卒業者、かつ未婚で、通学や家事を行っていない者」がニートです。

こんなにややこしい定義は日本だけのもので、オリジナルはイギリスですが、イギリスでは一六歳から一八歳で、単にニート状態、働いてない、学校に行ってない、トレーニングしてない人は全部ニートということになります。

日本はやたら除外項目が多くて、より厳密な定義がなされているようですが、一番驚くべきところは、一五歳から三四歳までという年齢の部分です。

これは事実上、日本の政府が若者の成人年齢を三五歳ですと宣言したようなもので、ヨーロッパでは、さすがに青年対策の上限はいまだに二五歳までなのです。この点だけは、日本は先進国といってもいいかもしれません。三五歳は確かに実情にかなっています。今の成熟年齢として三五歳というのは、かなりリアリティーのある数字といえます。

そういうわけで、ニート日本版の定義を設けたところは評価しているのですが、結果的にこれはニート問題とひきこもりの問題が混同されやすい状況を作ってしまったともいえます。また、増加しているとされるニートの統計に対しては、実は統計上も増えていないという指摘もあります。しかし一方では、下火になってきたひきこもり問題に対する関心を、労働という角度から掘り起こしたという点で、評価できる面もあります。

もともとニート概念自体は、若者を批判するトーンは控えめですし、若者の弱者化という現象に関心をもたせるきっかけとしては、そう悪くなかったのではないかと考えています。

ニートとひきこもりの違い

ニートの特徴をいくつかあげました（表1-1）が、これはざっと目を通してもらえればよいかと思います。ただ最低限、ニートとひきこもりの違いについては、きちんと理解してもらいたいのです。

まずニートは経済学的用語ですが、ひきこもりはどの分野の言葉か所属がいまだにあいまいです。精神医学用語でもありませんし、心理学でも、社会学でも、教育学の用語でもない。ただの状態像を示す言葉ですから、いまだにはっきりとした帰属場所のない言葉のままなのかもしれません。もっとも私は、このあいまいさがあるからこそ、学際的な研究が可能になると考えています。

定義にこだわるなら、ひきこもりはほとんどニートに含まれます。ほとんどとは、三五歳以上のひきこもりはニートとはいえないからです。まあこれは些末な定義の問題ですから、たいした意味はありません。

ニートという大きな円があるとして、ひきこもりをそのなかに入るやや小さな円と考えてみましょう。ひきこもりの外

表1-1　ニートの特徴

- 仕事をせず、失業者として求職活動もしていない非労働力のうち、15～34歳で卒業者かつ未婚で、通学や家事を行っていない者（2005年の『労働経済白書』）
- 23歳と19歳のところにピークがあり、大学や高校を卒業した直後の若者に問題
- 2002年全国で約85万人（内閣府調査）
- 男女比はほぼ同率
- 親との同居率が高い
- ８割以上が現状に焦りを感じている
- 一度も求職活動をしたことがないニートの、してこなかった理由としては「人付き合いなど会社生活をうまくやっていける自信がない」が最多

側に「ニートだけどひきこもりではない」という状態があります。これはどういう状態を指すのでしょうか。

両方の定義を理解してもらえれば、そう難しい質問ではありません。要するに、対人関係があればニート、ないものがひきこもりとなります。ニートでも人付き合いがなければ、ひきこもりと呼ばれることになります。二つを分けるのは、主に人間関係の有無なのです。

対人関係が欠けているのがひきこもり

社会的ひきこもりにおいて、最も重要なのは「対人関係の有無」です。少しでも家族以外の対人関係があれば、もうその時点でひきこもりとは呼ばれません。逆に、そうした対人関係がずっと欠けた状態であれば、どんなに毎日外出していても、ひきこもりということになります。

意外に忘れられがちですが、社会的ひきこもりというのは「社会的」という言葉からもわかるように、社会からひきこもっているのです。これはつまり、対人関係からひきこもっているということになります（表1-2）。

家族以外に対人関係がない状態というのは、職場や学校に籍がないことも含まれますが、それ以外の親密な対人関係、例えば友達や恋人がいないことも意味します。

　これほど対人関係を重視するのはなぜでしょうか。一つは、長くひきこもっている人の多くが、まったく対人関係を欠いた状態で長期化してしまっているということがあります。

　私は何も「人間はすべからく社交的であるべき」といいたいわけではありません。私自身、それほど社交的な人間ではありませんし。極論すれば、親密な対人関係は一人か二人でもいいと考えています。友達が一人でも二人でもたいした差はないかもしれません。でも、一人いるのとずっとゼロというのとでは、生き方にかなり大きな差ができてしまうように思います。ゼロはよくないのでひきこもるのが悪い、とかそういう単純な話ではありません。

　ただ一般的には、対人関係や対人経験をもたない場合、それ

表1-2 「社会的ひきこもり」の定義

社会参加をしない状態が6ヵ月以上持続しており、精神障害がその第一の原因とは考えにくいもの ※ただし「社会参加」とは、就学・就労しているか、家族以外に親密な対人関係がある状態を指す。

をもっている人に比べて、ずっと生きることがきつくなる場面が多いように思うのです。

就職には「裏口」もあるということ

人間関係がちょっとでもあると、それがきっかけとなって、必要に応じて社会参加の方向に向かいやすかったりとか、就労機会に恵まれたりとか、そういうこともあり得るわけです。

今は就労困難な状況とかいわれていますが、確かに正攻法で、つまり職場の雇用窓口とか、ヤングハローワークとか、就職情報誌とか、そういう方法で探す分にはなかなか難しいというのはあるかもしれません。

ただ、そんな現状でも「裏口」はあります。臨床をやっていてつくづく思うのですが、一番確実なのはやはり「コネ」なのです。コネといっても、親の口利きとは限りません。親戚や友達に紹介してもらうとか、常連客になっていつの間にかスタッフに入り込むとか、そういう就職の方法は、いまだにかなり有効なのです。こういうことは政策や正規の就労対策には盛り込みにくい部分でしょうが。

なぜかほとんどのニートやひきこもりは、その周囲の人も含めて、そういう発想が少ないように感じます。とにかく何とか正門から入っていこうとして、あがいている印象が強いのです。

でも、仕事を探すルートには裏門もいっぱいあるんだということを知っていてもいいように思います。まあ、実際にそうするかどうかは別ですが。

第2章

ラカンとひきこもり

なぜ他者とのかかわりが必要なのか

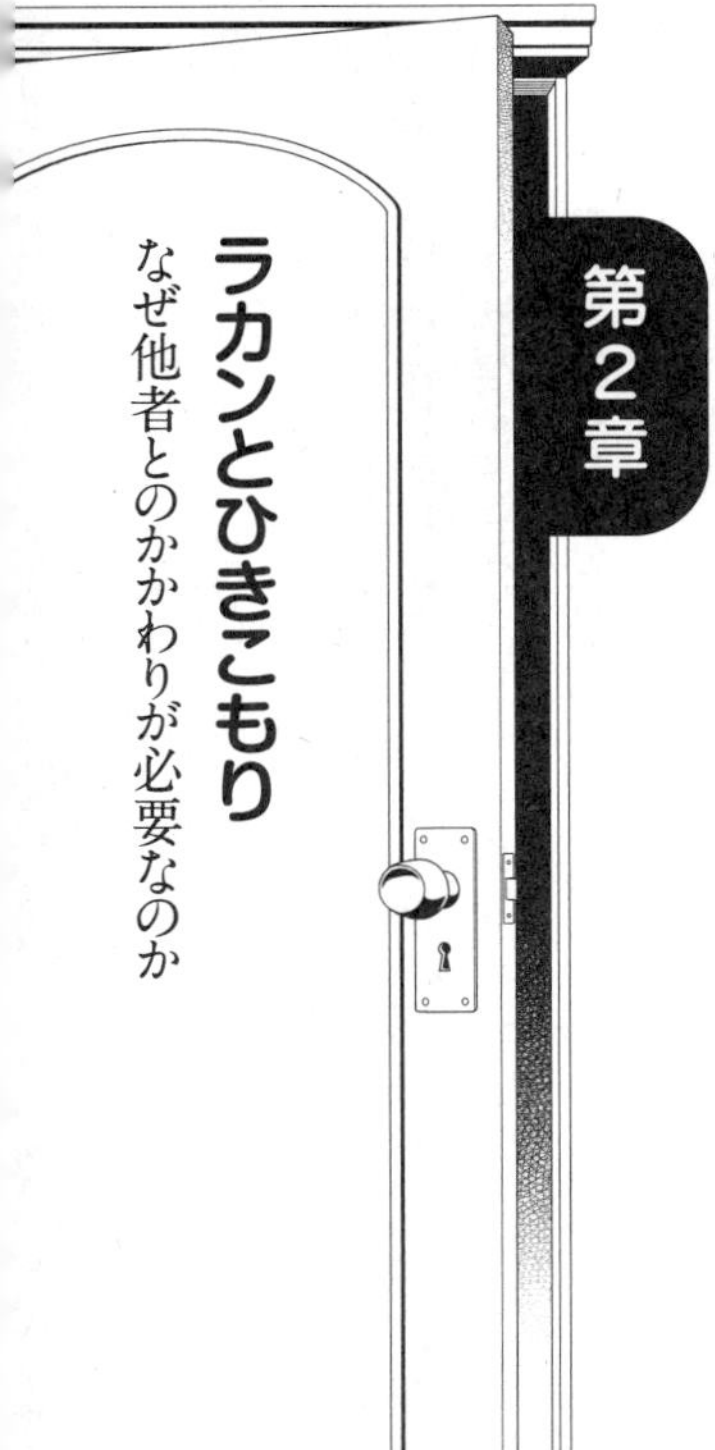

ジャック・ラカン

この章では、精神分析家ジャック・ラカン（一九〇一―一九八一）の理論が、ひきこもりの臨床でどのように活かしうるかを述べてみたいと思います。

ラカンはフランスの精神分析家ですが、フロイトの真の後継者を自称した精神分析の異端でもあります。その理論は異様なまでの難解さで知られ、そのためもあってか、一部の熱狂的なファン（「ラカニアン」といいます）も獲得しましたが、正統的な精神分析家からは長らく黙殺されてきました。

ラカンのより詳しい解説は、拙著『生き延びるためのラカン』（ちくま文庫）に譲りますが、その理論はまさに現代においてこそ真価を発揮し得るように思われてなりません。

もっとも、ラカンの仕事は、現在のフロイト理論がそうであるように、もはや臨床上の有効性という点ではあまり省みられることはありません。むしろ現代思想や批評理論などの人文学領域で、極めて大きな影響をもたらしつつあります。

私は必ずしもラカン理論を絶対視するものではありませんが、その思想には今なお数多くの有効性があると考えています。

例えばラカンは、特定の信仰や思想にコミットしすぎることで、救済されたと思い込むような一切の幻想を否定しました。あるいは臨床においては、例えば「ひきこもり」について考える際、なぜ「他者」との接点が重要なのか、ということへのヒントをもたらしてくれます。

決して大げさではなく、「ひきこもり」の若者たちを支持し、なおかつ説得し得る可能性を秘めた唯一の理論がラカンのそれであると私は考えています。

ひきこもりと自己愛

ひきこもりを苦しめる要因

ひきこもる若者を苦しめる要因にはさまざまなものがありますが、最大の葛藤は大きく二つに分かれると私は考えています。具体的には「生存の不安」と「実存の不安」の問題です。

「生存の不安」というのは、こんな生活があとどれだけ続けられるのか、いずれホームレスか餓死しかないのではないか、という不安と恐怖です。ひきこもり生活を続ける以上、この不安と無関係ではいられません。

しかしもう一つの「実存の不安」はいっそう深刻です。親はしばしば、生活の不安さえ取り除いてやれば、ひきこもり生活はのんきで気楽なものであるかのように誤解していますが、決してそんなことはありません。たとえ生き延びられたとしても、「実存の不安」から逃れることは極めて難しい。これは言い換えるなら、「自信」や「生きがい」の問題です。

人は誰しも、生きていくうえで「自己愛」を必要とします。これは、いわゆる「ナルシスト」という意味ではありません。例えば「自分は自分である」という当たり前の感覚、これが自己愛です。行動や考えの出発点に「自分」があること、これも自己愛です。「自己中」ではありません。それは自己愛のいびつな形にすぎません。他者への愛情も、思いやりも、犠牲的精神も、その出発点はすべて自己愛です。精神分析によれば、あらゆる愛と欲望の出発点が自己愛ですから、これは当然のことです。

人は自己愛なしでは生きられません。精神病で自殺が起こりやすいのは、病が自己愛を破壊してしまうためでもあります。

自己愛のなかでも、特に自分に向かう自己愛は、「自信」、もしくは「プライド」という形を取ります。この二つは、なかなか一致しません。それどころか、しばしば反比例します。プライドが高い人は往々にして自信がありません。自信がある人はプライドにあまりこだわりません。

ひきこもりの人は一般に、自信がないのにプライドが高い。いや、自信がもてないからこそプライドにしがみつくのかもしれません。ひきこもっている人の多くは、自分自身を愛することに失敗しています。

なるほど、表面的な態度は、はた目には非常に傲慢《ごうまん》にみえることもあります。ただ怠けて自己中心的でわがままに振る舞っているかにみえますが、彼らくらい自分に対して否定的な評価を下している人はありません。「自分は存在価値がない人間」というくらいに思っていることが多いのです。

自分に対して辛らつになってしまうと、結果的にその人は、他人に対しても辛らつにならざるを得ません。自己犠牲的な他者への愛とか、あるいは他者を愛せないで自分だけ愛しているとか、一見そうみえる人は必ず裏があると思って差し支えありません。愛というものの構造を考えるなら、一〇〇%他人だけを愛することも、一〇〇%自分だけを愛することも、どちらも不可能だからです。

なぜ自信がもてないのでしょうか。人がどうやって自信を獲得するのかを考えてみればわかります。私たちは、さまざまな成功体験や、自らの業績、あるいは現在の社会的地位、自らの人間関係などによって自信を支えています。しかるに、ひきこもっている人には、そのすべてが欠けています。これでは自信がもてないのは、当然といえば当然のことです。

愛することは愛されること

ここでようやく、ラカンが登場します。

ラカンは子どもの発達段階に「鏡像段階」というものを考えていました。幼児は鏡をみることで、生まれて初めて自分の全身を、つまり自己の全体像を発見します。この、喜びと驚きに満ちた体験が、自己愛の基礎となるのです。この時点で、人間にとって「鏡」は、一挙に特別な存在となります。どういうことでしょうか。

鏡に映った自分の姿は、実は左右が反転したニセモノです。最初の自己愛が、このようなニセモノのイメージに対する愛であったがために、人間は自分とは似ても似つかない人や動物、あるいは無機物ですらも、真剣な愛の対象にすることができるのです。

また、愛に基づくさまざまな感情もまた、鏡像的なものになります。そう、愛することは愛されることであり、憎むことは憎まれることであり、信頼することは信頼されることであり、保護することは保護されることを意味します。

自信とは、自分に対する肯定的感情です。つまり愛の一種です。では、どうすれば自分を愛することができるでしょうか。がんばって立派な社会的地位を得ること？　そうではありません。それは過程にすぎません。自分を愛せない人が、それでも自分を愛するためには、まず他人から愛されなければなりません。そして他人から愛されるためには、他人を愛さなければなりません。

自分を愛することができない人は、しばしば他人を愛することもできない。ならば、どうすれば他人を愛することができるのでしょうか。難しいことですが、決して不可能ではありません。愛すべき他者との出会いを遠ざけないようにすることです。他者との親密な関係抜きでは、なかなか安定した自信は回復できません。

長期間ひきこもり生活を送りながら自信が揺らがない人は、よほど自己愛がタフなのでしょう。少なくとも、私にはとてもできません。

鏡像としての家族

ところで、鏡像にはまた別の、もっと危険な性質も潜んでいます。

鏡と向き合った自分。ここには「自分―鏡像」の原始的な二者関係があります。実は、鏡像段階における関係性は、本当は二者関係ではありません。子どもの背後から、鏡像を喜ぶ子どもの姿を微笑んでみつめる母親がいるからです。

鏡像段階においては、鏡に映ったイメージを「そう、それはお前だよ」と承認してくれる母親の存在が欠かせません。つまり、鏡像段階とは、「母親―鏡像―子ども」という三者関係なのです。

長く密室で生活していると、人間関係はしばしば二者関係になりやすいものです。なぜでしょうか。互いに互いを鏡像に見立てて、そこにさまざまな感情を投影するからです。ここで問題なのは、二者関係が、しばしば「憎しみ」のみを抽出し、攻撃性を増幅するような関係になりやすいことです。なぜそうなってしまうのでしょう?

二者関係における愛の伝達は、しばしば以心伝心的になされます。しかし憎悪や攻撃性は、次なる憎悪や攻撃という反応として、かなりむきだしに表現されやすいのです。両価的な感情、つまり愛と憎悪を同時に向けると、憎悪のみが打ち返されてきます。さらに悪いことには、愛の応酬よりも憎悪の応酬の方が人を興奮させ、夢中にしてしまいやすいのです。

ひきこもりでは、とりわけ家族間で、こうした二者関係が生じやすいのです。それゆえ母子密着のような関係は、攻撃性の温床です。家庭内暴力の攻撃性は、まさに「鏡像としての家族」に対して向けられるものなのです。

家族が「他者」となる

家庭内暴力に限った話ではありません。ひきこもる行為そのものが、一種の復讐や攻撃としてなされる場合もあります。そうだとすれば、ひきこもり状態にあっては、何とかして家庭を二者関係から三者関係へと開いていく必要があるでしょう。

言い換えるなら、家族が本人の鏡像であることをやめて、「他者」として振る舞う必要がある、ということです。

具体的には、さまざまなルールによって関係性を整理し、例えば暴力に対しては毅然として拒否するという姿勢を貫くことです。私が家族向けに書いてきたマニュアルは、その方法論のほとんどが、「家族の他者性」を強化するために工夫されています。もちろんときには、文字通り「第三者」が家庭に入り込んでくることも有意義です。

逆に、絶対してはいけないことは、暴力に対して暴力で応ずることです。その理由はもうおわかりでしょう。力ずくでやりかえすことは、暴力の肯定にほかなりません。暴力の応酬は、しばしば鏡像関係を強めるだけに終わってしまいます。

私は必ずしも、ひきこもりすべてが治療の対象とは考えていません。しかし、ひきこもりを脱するためには、どこかで必ず「第三者の介入」が必須であると考えています。できあがってしまった二者関係の空間を、自力で脱出するのは極めて困難だからです。

これは何も、第三者が部屋に上がり込んで本人を引っぱり出すとか、そういう話ではありません。時折やってきて、ただそこにいて、また帰っていくだけの他者にも十分に意味があるということです。

あるいは実際に家まで来なくても、第三者がかかわっているらしい、という情報でもいいでしょう。もっといえば、実は第三者は、必ずしも「人間」でなくてもいいのです。猫や犬などのペットも、しばしば有力な「第三者」たり得ます。

例えば「ルール」も第三者です。私はいつも、本人と両親との関係が公正なもの、フェアなものであるべきだといっているのですが、フェアであるためにもルールは必要です。どんな正当な理由があっても、本人だけが努力を強いられるような関係性はアンフェアです。

本人に変わってもらいたければまず家族が変わること。公正なルールに基づいて本人の権利と意見を尊重し、まず家族が率先して変わってみせること。そういう努力を続けるうちに、少しずつ本人にも変化の兆しがみえてくるでしょう。

「会話」を重視する

さて、家族が他者として振る舞ううえで、もう一つ、極めて重要なポイントがあります。それは徹底した「会話の重視」ということです。会話、すなわち発声された言葉は、本人との関係において、大きな意味をもつでしょう。これに比べれば、メモや電話、メールといった手段は、ぐっと見劣りがします。それらは言葉よりは情報に近く、正確な分だけ貧しいからです。

ラカンは、言葉を徹底して重視しました。ラカン理論の特異な点の一つは、人間の心が言葉だけで成り立っていると断定したことです。ラカンの言い方でいえば「無意識は一つのランガージュとして構成されている」ということになります。

無意識とは心の本質であり、人間の言動はことごとく、言葉が織りなす複雑で巨大なネットワークのなかで決定される、とラカンは考えたのです。

確かに極論かもしれません。言葉よりイメージの方が豊かだ、と反論されても、私は反論しようとは思いません。ただ、心と言葉を直結させるという大きな制約を受け入れる方が、愛や欲望のメカニズムをリアルにとらえられる、と私は考えます。

それでは、人はどのようにして、言葉を語る存在になっていくのでしょうか。ちょっと複雑な話になりますが、これはラカン理論のなかでも、一番肝心な部分の一つです。

エディプス・コンプレックス

ここで重要になってくるのが、エディプス・コンプレックスの存在です。有名な概念ですし、その説明はここではさほど重要ではないので、ごく簡単にすませましょう。

このコンプレックスは、母親と寝て、父親を殺したい、という、人間にとって普遍的な欲望と関係があります。エディプス三角というのは、「父―母―子」の三角関係を意味しています。この関係において、人間は初めて、深刻な欲望の葛藤を経験する。そうフロイトは考えました。どういうことでしょうか。

幼児は初め、母子が密着した幸福な一体感を味わっています。このとき子どもは、絶対的な万能感に浸っています。しかしそこに、邪魔者が介入してきます。そう、父親の存在です。

ラカンによれば、父親による介入によって、子どもはさまざまに傷つけられます。何といっても一番のショックは、母親に父親のようなペニスが存在しないことを発見することです。

それまで子どもは、母親のことを、まるで自分を守ってくれる万能の存在であるかのように感じていました。この「万能の母親」は、ファリック・マザー、すなわちペニスをもった母親という、象徴的なイメージで表現されます。この母親イメージが、子ども自身の万能感を支える幻想だったのです。

ところが、万能なはずの母親に、よくみると実際には父親のようなペニスがついていない。このとき子どもは、万能の母親という幻想を断念せざるを得なくなります。それはひどくつらい経験なので、子どもは何とかして母親に欠けているペニスの埋め合わせをしようと考えます。差し当たり、自分自身が母親のペニスそのものになりたいと欲するのです。

しかし、その願いも叶えられません。母親が、本当は別のものを欲していることがわかってしまうからです。実は母親が欲していたのは、父親のペニスでした。そこで子どもはペニスになることもあきらめ、今度は父親に同一化しつつ、その象徴的なペニスをもちたいと願うようになります。

ペニスそのものにはなれず、父親になることもできない。ならばいっそ、父親のペニスの代理物を所有したい。そうすることで、母親＝世界と自分との間に生まれたギャップを、少しでも埋められるかもしれない。子どもはそう考えます。

去勢

ここで、初めて言葉が生まれます。どういうことでしょうか。子どもが欲する「ペニスの代理物」、これこそがペニスの象徴である「ファルス」です。ファルスをもつことは、「ほんもののペニス」をもつことをあきらめて、そのコピーで満足することを意味しています。

存在そのものの所有をあきらめて、象徴、すなわち実体を欠いた存在のコピーで満足しようとすること。このあきらめのことを「去勢」と呼びます。実はこれこそが、人が言葉を獲得するための、一番最初のきっかけなのです。

言葉とは記号ではありません。記号は「意味の代理物」ですが、言葉は「存在の代理物」です。私たちは、母親の存在そのものを失う代わりに、「ママ」という言葉を得るのです。しかし、そのおかげで私たちは、母親が目の前にいなくても、この世界のどこかに実在することをやすやすと信じることができます。世界のすべてが目の前になくても、世界の広さを信じることができます。

いや、それればかりではありません。言葉のおかげで私たちは、「天国」や「前世」といった、存在するかどうかわからないものまでも、信じることができるのです。

このように、去勢は人間が言葉を語る存在になるためには、欠くことができないプロセスです。ただし、それはよく誤解されるように「おのれの分際を知る」ということではありません。不安定な「万能感」を捨てて、しなやかな「自由」を獲得すること。それが去勢の真の効果です。

象徴界

言葉を話せるようになる代わりに、私たちは「現実」とじかに触れ合うことはできなくなりました。しかしその代わり、はるかに多様で幅広い現実と、複雑なかかわりをもてるようになったのです。

個人と個人、心と心、意識と無意識、心と社会を結びつけている言葉のネットワークを、ラカンは「象徴界」と呼びました。象徴界は倫理や欲望の源泉です。人間のあらゆる言動がそこから影響を受け、同時にそこに影響を及ぼします。

その意味で象徴界は、人間の自由な認識やコントロールが及ばない領域であり、精神分析のみがその操作を部分的に可能にするとされています。そんな領域が存在するという前提が、精神分析を成立させているのです。

家族が「語る存在」になる

さて、みてきたように言葉を獲得するということは、まず他者による去勢を受け入れることです。さらにいえば、言葉という大いなる他者を体内に呑み込むことです。自分のなかに、言葉という他者をインストールすること。こうして子どもは「人間」になります。そう、ラカンは言葉を語らない存在を「人間」とはみなさないのです。

ここまでくれば、なぜ家族間での「会話」が大切なのか、その理由もわかるでしょう。ひきこもりの密室のなかに、「会話する関係」を持ち込むこと。それがそのまま、家のなかに「言葉という第三者」を取り入れることにつながります。

語り合う関係のなかにだけ、他者は存在します。これは決して机上の空論ではありません。言葉を交わさずとも、以心伝心で通じるような相手は、もはや他者ではありません。しかし、以心伝心だけを受け入れていると、簡単に退行、つまり子ども返りが起こりやすくなります。逆に、十分な会話が交わされているとき、退行は極めて起こりにくくなります。こういう事実があるので、私は会話の力を信じることができるのです。

家族が「語る存在」になることで、鏡像としての家族は個人としての家族に変わっていきます。当たり前の「親子関係」だけではなく、そのなかに「個人対個人」の関係をどう取り込んでいくか、これはひきこもりを抱えた家族にとって、極めて大切なテーマなのです。

欲望

本能がない代わりに欲望がある

ラカンの理論は、よく「欲望の科学」などと呼ばれます。ひきこもりにとっても欲望の問題は極めて重要で、ここでもラカン理論は大変参考になります。

人間の欲望というのは言葉の作用です。これもラカンによる、一番重要な貢献の一つです。言葉を獲得することは、同時に欲望を獲得することでもあります。言葉がないところに欲望はありません。ですから動物には欲望はありません。動物にあるのは欲求と本能だけです。欲求と本能しかないのが動物、本能がなくて欲望があるのが人間、これがラカンの区別です。

いや、人間にも母性本能とか、いろいろあるだろうと反論されるかもしれません。しかしラカンにいわせれば、それは単なる幻想です。本能というのは遺伝子に組み込まれた先天的な行動パターンのことです。しかし人間にはそうした意味での「本能」が欠けているのです。

例えば最近、若い母親の患者さんから、どうしても子どもがかわいく思えないとか、憎いので虐待してしまうといった訴えがしばしば聞かれます。こういう訴えは母性本能だけでは説明がつきません。

それでは欲望と欲求の最大の違いは何か。欲求ならば、欲しいものが手に入れば満足できます。食欲はご飯を食べれば満足するし、性欲だったらセックスをすれば満足できる。そんなふうに、完全に満足できるものが欲求です。

しかし欲望には、満足ということがありません。食欲だって、とにかく食べられさえすれば満足とはいかない人間の心があるからこそ、果てしない美食の追求がはじまるのです。性欲にしても、パートナーだけでは満足できなくて、もっとたくさんの相手と交わりたいという切りのない欲望は、少なくとも若い男性にとっては、誰しも覚えがあるでしょう。

文明の発展と欲望

あるいは文明の発展も欲望と関係があります。文明というのは、基本的に面倒くさいことをいかに省くかという原理で成り立っていますが、この「面倒くささ」という感覚は本当に切りがありません。

誰かと話したいけど会いに行くのは面倒だという欲望から電話が発明されました。自宅ではないところでも話をしたいという欲望から公衆電話が生まれました。どこにいても話せるようにしたいという欲望が携帯電話をもたらし、話すのは面倒だから文字だけにしたいという欲望からメールが与えられ……という具合に、その追求は果てしなく続いてゆきます。

切りがない欲望があるからこそ、人はさまざまな嗜癖《しへき》、すなわち依存症に陥ったりもします。アルコール依存、薬物依存、ギャンブル依存などです。それらはもちろん治療されるべき問題でもあります。

しかしその反面、ときには嗜癖に至りかねない過剰な欲望がなかったら、現代の文明社会もまた、あり得ないともいえるのです。進歩を選べば満足を取り逃がし、満足を選べば進歩は停滞する。これは文明に、必然的につきまとうジレンマです。

欲望は他者の欲望である

ところで、ラカンの言葉で一番よく引用される、有名な言葉があります。「欲望は他者の欲望である」という言葉です。これは、私たちが自分だけの欲望と思い込んでいるものは全部、実は他人からの借り物であるという真理です。

例えば、ブランド品を求める気持ちも、骨董の「お宝」を欲しがる気持ちも、「それをみんな（他人）が欲しがっている」というところからきています。別にそれがいけないというわけではありません。ただ欲望というものは、本来そういう成り立ちをもっているのです。

疑わしいと思うなら、試しに自分が欲しいものを思い浮かべてみてください。あなたは、なぜそれが欲しいのかをちゃんと説明できますか。やってみればわかりますが、欲望を説明する言葉には、必ず他人の欲望が紛れ込んできます。

誰かが褒めていたからとか、みんながもっているのがうらやましかったとか、あるいは尊敬する先生のマネであるとか。「こんなものいらない」と思って捨てようとしたオモチャを、友達から「じゃあ僕にちょうだい」といわれたら、何だか急に惜しくなった、そのような経験は、誰しも覚えがあるのではないでしょうか。

いやそうじゃない、自分はそれが素晴らしい性能や長所をもっていることを知っているからこそ、それを欲するのだと主張する人もいます。しかし、まさにそうした性能や長所こそが、他人から与えられた基準にほかなりません。

人間の欲望が象徴界というものの作用によって成り立っているとしたら、そこでは「一〇〇%自分だけの個人的な欲望」など、あり得ないのです。逆にいえば、純粋に個人的な欲望があり得ないという事実こそが、人間と象徴界のかかわりを示しています。

欲望は湧いてくるものではない

ところで、ひきこもっている人たちは、しばしばそういう欲望を欠いた人にみえます。もっと正確にいえば、決して欲望をなくしてはいないけれど、欲望の方向性が定まっていない人が多いという印象があるのです。ときには自分の欲望を無理に抑え込みながら生活しているような人もいます。そういう人は、見かけ上はほとんど無為にみえます。まるで仙人のように、欲望を捨てて日々を過ごしているようにみえるのです。

そういう場合、よく「意欲が自分のなかから湧き出てくるのを待ちましょう」とアドバイスする人もいますが、私はそれは間違ったアドバイスだと思います。いくら待っていても、欲望は決して、勝手に湧いてはこないからです。欲望は他人からもらうものです。また、だからこそ、私はとにかく人とのかかわりというのをこのうえなく重視するわけです。ある種の天才を除いては、自分の欲望を自力で作り出すことはできません。天才というのは、自分のなかに、才能という他者が住んでいる人のことです。

しかし、だからといって、欲望を誰かに直接与えることもできません。「あなたはこれを欲しがりなさい」などという命令はあり得ません。それが通るなら、コマーシャルなんて必要ありません。

ですから、親がもし子どもにしてほしいことがあるのなら、そのことをなるべく口に出さないことです。家族が本人に対してやれ働けの、学校へ行けの、社会参加せよと命令するのは意味がありません。むしろ逆効果です。そういう家族の欲望を直接本人に押しつけようとしても、本人はひたすら拒否するだけでしょう。

それでは、本人に欲望をもたらすような他者性を、どのようにして実現できるでしょうか。ここで、他者性というのは、何か意表を突く方向性といってもいいし、意外性のある言葉といってもいいし、そういったものをどうやって持ち込んでくるかということが大事になってくるわけです。

家族が本人にとって想定外な方向で動くことができれば、もうそこに他者性が芽生えてきます。そういうところから、期せずして解決の糸口がみえてくるかもしれません。叱咤激励をしたり、「家から出ていけ」とか何とかいう姿勢は、すべて本人の「想定の範囲内」です。ここにはもう、そういった他者性はまったくありません。これでは本人を動かす原動力になり得ないのです。

家族がまず「一番いいたいこと」を禁欲することは、そういう意味で有効なのです。家族が一番いいたいこと（「就職してほしい」「社会復帰してほしい」など）は、実は本人も一番実現したいことであることが多いのです。ずっと一つの屋根の下で暮らしているのですから、そこら辺はもう通じすぎるほど通じてしまっています。

だからこそ、わざわざそれを口にしたところでほとんど意味をなしません。むしろ、いいたいけれども「あえていわない」という態度の意外性にこそ意味があります。本人はそうされることで、はじめて「他者としての家族」からの思いやりを感じとることができるからです。

他者の存在なしに欲望は生まれない

もう一つ、ひきこもりに関連してつけ加えるならば、他者の存在がないところに欲望は生まれないということも重要です。ひきこもりの人がリアルな欲望をなかなかもてない、もしくはしたいこととしなければならないことの区別がだんだんあいまいになっていくのは、彼らの住む空間に、他者がいないせいではないでしょうか。

ひきこもりの人たちは、しばしば「本当に働きたい」と口にします。この言葉が本音であることを私は疑いませんが、なぜか彼らは行動を起こせない。その理由の一つが、彼らが「働きたい」という言葉を欲望としていっているのか、義務としていっているのかが彼ら自身にもはっきりしない、ということがあるように思います。「欲望の言葉」と「義務の言葉」の区別が、非常にあいまいなのです。

本人自身も「おれは本当に働きたいんだろうか」「働かなければという義務感からそういっているだけなんだろうか」と自問自答していることがあります。こんなふうに、義務と欲望が判然としない状態というのは、実は一番動きづらいのです。自らの欲望によって動くという方向性と、義務感から動くというベクトルはまったく反対向きですから、身動きがとれなくなるのは当然なのです。

まず他者と出会うこと

身近に他者がいると、義務と欲望の区別をつけやすくなります。それに気づくことができれば、行動することも可能になります。最初は義務感よりも、欲望から動くことを優先する方が現実的でしょう。こんなふうに、自分の欲望のありようをしっかりと認識するためにも、他者の存在が必要なのです。

ひきこもっている人が自分の欲望をしっかりと認識し、それを行動に移したければ、家から出て他者と交わっていくしかありません。ですから私の考えでは、ひきこもりの人が現状から抜け出そうと思うなら、最初の課題は「仕事」ではありません。まず他者に出会うことからです。

かなり難しいことではありますが、家から一歩出て他者と関係を結ぶこと、それもただ単に口をきくだけの関係ではなくて、できるだけ親密な関係性をもつということが大切です。「親密な関係」とは、その人といてそれなりに安心できる関係、としておきましょう。

こういう、くつろげる関係性を他者ともてるかどうかということが、回復のうえで大変大きなカギを握っているのです。なぜなら他者と親密な関係を結ぶことこそが、自分の欲望の形に気づく一番よいきっかけになるからです。

ここでは仮に、「自分の欲望の形に気づく」としましたが、むしろ「相手から欲望をもらう」という言い方の方が適切かもしれません。あるいは「欲望を交換する」という言い方でもいいでしょう。

欲望というものは、他者との出会いをきっかけにして、獲得したり交換したりするものであるということを、もう一度強調しておきたいと思います。だからこそ、欲望をもつ他者がそばにいるということは、それだけ大事なことなのです。

もし家族が、本人にとって親密な他者のように振る舞いたいと思うなら、まず家族自身が自らの欲望を積極的に表現していく方がいいのです。あるいは、もし本人に欲望をもってもらいたいと願うなら、家族が率先してその欲望を実践していくことが望ましいのです。

例えば、もし本人にもっと他者と付き合ってほしいと思うなら、まず両親が、人付き合いに積極的に取り組むべきなのです。もっと外出したり旅行に行ったりしてほしいと願うなら、両親が頻繁に出かけるようにすることです。こんなふうに、親がまず「欲望する他者」として振る舞うことが、本人にもさまざまに、好ましい影響をもたらすでしょう。

欲望は感染する

私がよく、「親御さんがプライベートな時間を楽しみましょう」と勧めるのは、何も家族のストレス解消という意味だけではありません。まず家族が、ちゃんとまともな欲望をもった他者として、本人の前で振る舞うことができるかどうか、この点が重要であるといいたいのです。

欲望というのは感染します。命令はできません。欲望に感染させることを、精神分析の言い方では「転移」といいます。誰かが何かを欲しがっている。それをみて自分もあれが欲しいと思う。これがもう転移のはじまりです。これは精神分析家の正確な言い回しではありませんが、ラカンの考えた転移には、ちょっとそういう発想が含まれています。人と人との間で、何かが移動するのです。これを私は「欲望が感染する」と表現したのです。

そのような転移を起こすためには、家族自身が自分の欲望をあきらめないことが重要になってきます。欲望をあきらめないということは、精神分析の倫理としてラカンが一番重視したことなのです。

家族も、「本人を何とか社会復帰させなければ」という欲望とも義務感ともつかない思いにばかりとらわれていては、くたびれるばかりで実りがありません。ときにはラカンのような発想に基づいて、家族自身の欲望をとことん追求してみることも、本人に対する有意義な働きかけになるかもしれません。

第3章

コフート理論とひきこもり

人間は一生をかけて成熟する

自信とプライド

「ひきこもりの人はプライドが高い」のか？

この章では、アメリカの精神分析家、ハインツ・コフート（一九一三―一九八一）の理論を紹介しながら、ひきこもり問題とのかかわりをみていきましょう。

コフートの理論は非常に大きな広がりをもっていますが、その中心には「自己愛」というテーマがあります。彼の大きな業績の一つは、自己愛をめぐって、大変に精密な理論を作り上げたことだ、ということもできます。

自己愛については、第2章で触れました。すべての人がもっていて、それなしでは生きていけないような欲望、それが自己愛です。それゆえ、ひきこもりと自己愛の間にも、浅からぬかかわりがあるということができます。

ひきこもり青年の家族や、ときには支援者までが時折嘆く決まり文句があります。それは「彼らはプライドが高すぎる」というものです。

確かに彼らは、そのプライドの高さゆえに治療や支援を拒否したり、自分の状態に

「ひきこもり」などとレッテルを貼られることを拒むことがあります。また、ときには「作家になる」「ミュージシャンになる」などといった、周囲の人からみればとても現実的とはいえないような目標にしがみついていることもあります。

あるいは、彼らはときに、親が作ってくれる食事に難癖をつけたり、際限なくお小遣いを要求したり、「いますぐ○○を買ってこい」などと、家族をアゴで使うような態度をみせる場合もあります。家族の言い分には一切耳を貸さず、自分の要求だけを通そうとして、通らなければ激怒して暴れだすようなことも珍しくありません。こういうケースが専門家によって、「自己愛性人格障害」などと診断されてしまう場合もあります。

このように専門家までが、ひきこもりの自己愛を問題視するたびに、私は「それはちょっと違う」と感じてきました。なるほど、確かに彼らの多くは、家族に対して自己中心的に振る舞うことがあります。しかし、「世間」や「社会」を前にするときは、彼らはひどく自信なさげな態度を示すことが多いのです。むしろ彼らは、自己愛が弱すぎるがゆえに追い込まれているのではないか。これが私の、偽らざる感想でもあるのです。

同じ「ひきこもり」について、まったく相反する見解があるわけです。しかし私にいわせれば、ひきこもりの自己愛を問題視する人は、しばしばあることを忘れているように思えます。つまり、「プライド」と「自信」は決定的に異なる、という事実を。もったいぶらずに言い切ってしまいましょう。ひきこもっている人の心は、一言でいえば、「プライドは高いが自信はない」という状態にあるのです。

奇妙な表現と思われるでしょうか。自信とプライドは同じことではないのか？　と疑問に感じられた方もいるでしょうか。しかし、例えば「むやみに威張っている人」の姿を想像してみてください。わかりやすく威張る人に限って、本当は自信がないので、バカにされることを恐れてびくびくしています。つまり虚勢は自信のなさの裏返しなのです。

自信に裏打ちされたプライドは、人を倫理的に高めることもありますが、自信の裏づけを欠いたプライドは、単なる虚勢にしかなりません。

自信とプライドの違い

「自信」と「プライド」は、精神分析的にいえば、「理想自我」と「自我理想」という用語に置き換えることができます。前者はありのままの自分、鏡に映った自分のイメージなどに対する愛です。後者はあるべき自分、「あのようでありたい」と仰ぎみる理想に対する愛を指しています。

後で触れますが、コフートは人間を動機づける二つの要因として、「野心」と「理想」を考えていました。日本語にすると同じように響きますが、その違いを簡単に説明しておきましょう。

めざすべき理想は、上から人をひっぱりあげますが、湧き上がる野心は、下から人を駆り立てます。すると、ひきこもりはどういうことになるのでしょうか。

ちょっと考えると、ひきこもりの場合は、理想はあるのに野心がうまく機能していない、ともいえそうです。しかし、これは正しくありません。彼らの話を聞いている人と、まるで高い理想をもちすぎたがために、いつまでも劣等感に苦しめられている人たち、にも思えてきます。しかし本当は、彼らの「理想」こそがうまくいっていないのではないでしょうか。

めざすべき「本当の理想」を失ってしまったために、彼らの理想は「見栄」や「世間体」と見分けがつかないものになってしまっています。彼らは自分だけの理想を語ることができませんが、他人から目標を押しつけられそうになると、プライドを楯にしてそれをしりぞけてしまうのです。

適切な理想をもつことは、ときに自信の裏づけにもなり得ますが、それがうまく働かないと、見栄とプライドを理想の代わりにするしかなくなります。そうしたハリボテの理想には、もはや人を動かす力はありません。

おそらく、自信とプライドの違い、といったような問題は、ラカンの理論ではうまく説明ができないでしょう。しかしコフートを用いると、その違いをこのように説明することができるのです。

「自己‐対象」と変容性内在化

コフートの発達理論

ここで、コフートの発達理論について、ごく簡単に紹介してみましょう。

コフートは一九一三年にウィーンのユダヤ人の家庭に一人っ子として生まれました。父親のフェーリクスはピアニストだったのですが、大変なお金持ちで、第一次大戦後、製紙関係の事業家となります。

コフートは二四歳でアウグスト・アイヒホルンという人の教育分析を受け、二五歳のときにウィーン大学で医学の学位を取っています。

当時、ロンドンに亡命するフロイトを見送ったことがあることを自慢にしていたそうです。ご存知のように、フロイトはユダヤ人だったので、ナチスに迫害されて亡命を余儀なくされたのです。

一九四〇年、二六歳のときにアメリカに移住して、シカゴ大学病院神経科のレジデントをする傍ら、シカゴの精神分析研究所でトレーニングを受け、三四歳でシカゴ大学医学部の助教授になっています。大変なエリートだったのです。

さらに三九歳でシカゴ精神分析研究所のスタッフになり、六四年にはアメリカ精神分析協会の会長になるなど、精神分析の頂点を極めています。コフート理論の影響を受けた人のことをコフーシャンといいますが、今も全世界にコフーシャンはたくさんいますし、日本でもかなり人気があります。

ところでコフート理論は、人によっては「バッド・マザー・セオリー」などといわれることもあります。つまり、「悪い母親理論」、うんと俗っぽくいえば「母原病」のような話です。母親の接し方が悪いと自己愛性人格になりますよ、というようなことです。私はこういう単純すぎるストーリーにはどうにも同意できかねるものも感じるのですが、一応そういうものである、ということは頭に入れておくとよいでしょう。

さて、コフートは、人間の一生を自己愛の成熟の過程としてとらえました。成熟に際して大切なのは、「自己－対象」との関係です。「自己－対象」とは、ごく簡単にいうならば、自己の一部として感じられるような対象のことです。

例えば、乳児にとってのお母さんは「自己－対象」です。最近は異論もありますが、赤ん坊にとって母親という存在は、一体となって自分と区別がつかないような対象と考えられているからです。

もちろん「自己－対象」は母親だけではありません。その後赤ん坊が成長するにつれて、自分にとって重要な対象というのはどんどん変わっていきます。父親が「自己－対象」になる場合もありますし、親友や恋人がそうなることもあるでしょう。「自己－対象」との関係を通じて、子どもはいろいろな能力や技術を吸収していくといわれています。例えば、母親のもっているさまざまな能力を取り込むことによって、自律的に振る舞えるようになったり、自分の身を守れるようになるとされています。

このようにして人間は、「自己－対象」から、生きていくうえで大切なさまざまな能力を吸収します。だからこそ、人間の成長のためには、多くの「自己－対象」との出会いが欠かせないのです。

この取り込みの過程を「変容性内在化」といいます。ややこしい用語ですが、食事の比喩で考えてみてください。「変容」というのは、食べ物を消化するようなことです。内在化は消化された食物を吸収し、血肉化することです。

人間の自己が、「自己－対象」という食べ物を消化吸収しながら成長していく、とイメージしてみてください。もちろん実際に食べてしまうわけではなく、あくまでもイメージとして、の話ですが。ともあれ、こういう過程が一生続いていくと、コフートは考えたわけです。人格と学習の結びつきという点から考えても、これは大変重要な考え方ではないかと思います。

もちろん学ぶことのなかには、受験勉強のように、情報としての知識をひたすら吸収していくようなタイプのものもあります。いや、むしろそういう勉強の方が今は主流なのかもしれません。

しかし、ある種の技能の獲得のような本質的な学習は、単なる情報の移動ではありません。人を成長させるような学習は、対象の人格もセットで取り込まれることで、初めて成り立つのではないでしょうか。私にはこれが、コフートによる重要な主張の一つであると考えています。

自前の理想をもてないこと

多くのひきこもっている人がなかなか前に進めないのは、自らの社会的ポジションにこだわりすぎているからではないでしょうか。彼らは、自分が自信を回復するには、社会的な名誉を挽回するしかないと思い込みすぎているような気がします。社会的名誉というのは、難しい資格や高い学歴などのことを指しています。

もう一度いいますが、私はこういう考え方を「理想が高すぎる」とは思いません。資格や学歴は、いわば「世間」が要求する「参加のためのチケット」みたいなもので、彼らがそれを本当に望んでいるようには思えないのです。その意味では彼らはむしろ「自前の理想をもてずにいる」と表現する方が、ずっと適切なようにも思われます。

その証拠となるかどうかはわかりませんが、ひきこもりから実際に資格を得たり、就職したりした人たちですら、その事実だけで「自信をもつ」に至るのは、容易ではないことの方が多いのです。

人とかかわることの意味

対人関係と自信

ではどうすれば、自信を回復できるのでしょうか。

何よりもまず「自己－対象」と出会うことです。すなわち「対人関係」ということになります。

人間の自信回復のルートとして、肯定的な対人関係（相手を肯定し、相手からも肯定される）は、極めて重要なものです。重要な他者から承認され、自分を受け入れてもらうこと。私の考えでは、これこそが最も手近で簡便な自信回復の方法です。しかし、ひきこもっている人たちにとっては、これはしばしば盲点か、あるいは就労以上に高いハードルに感じられてしまうようです。

もちろん例外もありますが、他者からの承認、とりわけ異性からの承認と受容は、かなり大きな心のよりどころになり得ます。平たくいえば、たとえニートやフリーターでも、彼氏や彼女ができることで、生きていくうえで必要最低限の自信が得られることもあるのです。

自信のよりどころになるのは、何も褒められることばかりとは限りません。ノーベル化学賞を受賞した田中耕一さんのお母様は、息子の受賞の報に接して、「あの子がそんなにえらいはずがない」とおっしゃったそうです。どんな親バカの言葉よりも、これは感動的でした。この言葉はきっと、田中さんを強く勇気づけたことでしょう。少なくとも、私はそう確信します。

田中さんの話に続けるのも恐縮ですが、ここでちょっと思い出したので、個人的な話をしましょう。私には高校時代からの親友がいます。彼は郷里の岩手で内科の勤務医をしているのですが、あるとき彼から、電話でこんなことをいわれました。「そう忙しがってばかりいないで、たまには休め。どうせお前は、そうたいした人間じゃないんだから」。これには参りました。今まで受けた数多くの助言のなかでも、文句なしにベストワンです。

どちらもわかりやすい話だと思いますから、野暮な解説はやめておきましょう。私が先ほど「必要最低限の自信」と述べたのは、例えばこういう言葉に支えられた自信のことです。自信の欠如も、過剰な自信も、生きづらさをもたらしますが、程よい自信は水のように淡々と、等身大の自分を支えます。

ただ一般に、この種の自信を親が与えることはできません。家族がどんなに本人を褒め、承認してあげたとしても、それはある意味当然のことなので、ありがたみが薄いからです。

もっといえば、両親の存在は、しばしば本人にとって「自分そのもの」のようになってしまっています。つまり、両親による承認は、「他者からの承認」としては弱いのです。もう「自己－対象」としては、家族はその役割を終えてしまっているわけです。

とりわけ思春期以降は、家族以外の有意義な「自己－対象」との出会いこそが、自信の獲得のうえで決定的な意味をもつでしょう。ひきこもりの人たちがしばしば自信を欠いているのは、こうした「自己－対象」との接点が、徹底して欠けているためではないでしょうか。

人は空気のように人間関係を必要とする

とはいえ、もちろん人間には、たった一人で、孤独に生きる自由もあります。

歴史上には、そういう偉大な人物もたくさんいます。よく例に出されるプルーストやドストエフスキー、デカルトやヴァレリーといった人たちは、ひきこもって思索や創作に没頭し、優れた業績を残しました。近いところでは青色発光ダイオードを発明した中村修二さんも、学生時代にひきこもり同然で勉強に励んだとのことです。

私もある種の才能が、ひきこもることでしか開花し得ない場合があることを認めます。そもそも「ひきこもり」自体は否定も肯定もしません。

ただ、この種の「美談」を一般化するには、かなり慎重であるべきだとは思います。それというのも私の考えでは、長期間のひきこもり生活で成果をあげられる人は、かなり強靭な自信（と才能）の持ち主ではないか、と考えるからです。世俗的な基準に縛られず、自らの才能に恃《たの》むことができる。そのような特殊な才能の持ち主だけが、有意義なひきこもりを経験できるのではないでしょうか。

もちろん才能の有無は、ひきこもってみないとわかりません。われこそはという方は、試しにひきこもってみるのもいいでしょう。ただし、必ず「非常口」は確保しておいてください。ひきこもりは悪循環をもたらしやすい「わな」のような構造をもっているので、うかつに飛び込むと、そのまま抜け出せなくなることもよくあるからです。

私は一般論としては、人は空気のように人間関係を必要とする、と考えています。あまりに長期間、人との接触から離れて生きることは、ものの考え方や感情のあり方を、ひどく不安定なものにしてしまうからです。家庭内暴力がしばしばひきこもり状態に伴いやすいのは、そのせいでもあるでしょう。

ひきこもりでよくみられる強迫症状も、対人関係を欠いた状態ではエスカレートしやすい印象があります。あるいは対人関係を回復すると、強迫症状が快方に向かうこともしばしば起こります。なぜでしょうか。

強迫症状はゆきすぎたコントロールの衝動です。しかし家族まではコントロールできても、他人は決して思い通りにはなりません。だから、他人とかかわるには、強迫を捨てるほかはないのです。

私がひきこもりの治療を考えるうえでコフートをよく引用するのは、なぜ人が人とかかわる必要があるのかということについて、一番わかりやすく説得力のある議論だからです。人は自己愛なしでは生きられない。自己愛が適切な成長を遂げるためには、他者（自己－対象）とのかかわりが欠かせない。つまりはそういうことです。

「自己」の発達

野心と理想

コフート理論では、母親が新生児をみつめて接触をもった瞬間から、自己の発達が始まるとされています。この段階を「実質上の自己」といいます。これは「virtual self」の日本語訳で、「仮想的自己」と訳した方が意味が通りやすいかもしれません。自己未満だけど、自己とほぼ同等のもの、といった意味です。

「実質上の自己」が発達して、「中核自己」期、「融和した自己」期というように発展していくわけですが、それはこれから順番に説明します。

「実質上の自己」は「自己－対象」である母親との交流を通じて、次第に次の段階である「中核自己」の構造を作り上げていきます。ここから少し話が込み入ってきますが、自己の最初の発達段階という重要な部分なので、ごく大ざっぱにでも理解しておいてください。

最初、一番原始的で単純な構造の自己が、対象との関係によってだんだんと複雑な構造を獲得していきます。こうして、より洗練された形になった自己を「中核自己」といいます。

中核自己も割と単純な構造をもっていて、一方に向上心、野心の極があり、もう一方に理想の極があります。つまり「野心—理想」という、磁石のような二極構造です。日本語では似かよってみえる「野心」と「理想」の違いについては、すでに説明しました。野心は自分を駆り立てるエネルギーです。そして、理想というのはそのゴールです。ゴールだけ示されても前に進めませんし、エネルギーだけあっても方向性が定まらなければ何にもなりません。人間の成長にとって、この両方の極がいかに大事か、もうおわかりでしょう。

この二つの極の間の緊張関係によって発達が起こります。二極の中間領域にあるのが才能や技術という部分なのですが、これについては後で触れます。この時期の自己は両極性があるので、双極自己（bipolar self）とも呼ばれます。かなり原始的ではありますが、これが、自己が構造を獲得し始める最初の段階なのです。

自分が一番ダメと思っている

それでは、この発達を促す根源的なエネルギーは何でしょうか。これこそが自己愛エネルギーだという意味のことを、コフートはいっています。自己愛は人間が発達していくうえで欠かせないエネルギーの源であり、人が人の形を保つうえでも欠くことができないものなのです。

つけ加えていえば、あらゆる愛の源には自己愛があります。他者への愛の根底には自己愛があり、しかしその自己愛を育むのは他者への愛です。もし自己愛が枯渇してしまったら、他人も愛せなくなってしまうでしょう。

ひきこもっている人は周囲の人に対して非常に辛らつな批判をしたり、ささいなことで家族を罵倒したりすることがあります。これは、はた目には自己中心的な態度にみえますが、実はそうではありません。他人に対して否定的な人は、決まって自分自身に対しても否定的です。お前らもダメだけど、本当はおれが一番ダメだ、と考えていることが多いのです。このように、自己否定と他者否定は、しばしば表裏一体です。自己愛と他者への愛の関係と同じなのです。

理想の大切さ

さて、自己がさらに発達していくために、コフートは三種類の「自己－対象」が必要であると考えました。すなわち「鏡自己－対象」「理想化自己－対象」「双子自己－対象」の三つです。

そもそも双極自己（＝中核自己）の二つの極（野心と理想）が形作られるうえで重要なのは、何といっても母親のかかわりです。誇大な自己が出てきたとき、それに対して母親が共感とともにそれを映し返したり響き返したりできるかどうか。ここで母親が肯定的な反応を返してあげることで、より現実的で成熟した向上心へと変化が起こるのです。

これを「鏡自己－対象」関係と呼びます。子どもの「何でもできるすごいボク」というような、誇大な自己を受け入れ、それを褒めてくれる母親との関係のことです。誇大な自己がしっかりと成熟すれば、これが「中核自己」における「野心の極」を形成します。

しかし、ここで母親がきちんと反応を返してあげられず、無視したり叱りつけたりして共感的ではない接し方をすると、子どもは傷つき、これが大きな外傷体験となります。その結果、心の構造に欠けた部分が残り、このために発達がとまってしまって、ずっと未熟な誇大自己が保たれてしまいます。いわば、「すごいボク」のまま、大人になってしまうのです。

いわゆる自己愛性人格というのは、このときに傷を負った人のことだ、とコフートは考えていました。

ここで注意しておくべきことは、この「鏡自己－対象」の段階では、誇大な自己に対して母親がそれをいけないとか、謙虚であれとか、そういうふうに押さえ込む必要はない、ということです。ただ、子どもの自己をありのままに映し返してあげるだけで、自己愛の誇大性がだんだん調整されていく。現実的にトーンダウンしていくわけです。これが、この理論のポイントです。

一見、「去勢」の必然性を説いたラカンとは正反対にみえますが、私はこうした受容にも、去勢の過程は含まれていると考えます。母親が褒めたり肯定したりすることによって、結果的に自己愛が適切に調整されることになるからです。

さて、「中核自己」、またの名を双極自己は、野心と理想を二つの極にしていました。野心についてはみてきた通りですが、理想はどのように形成されるのでしょうか。

一般に、理想の極にあるのは、理想化された親のイマーゴ（イメージ）です。子どものなかにある理想的な親、スーパーマンのように万能な親というイメージとの関係。これが、「理想化自己ｰ対象」の関係です。

この関係を通じて、人生においては理想も大事なんだということを子どもは次第に理解していきます。かくして理想が「中核自己」のもう一つの極になるわけです。誰しも理想は大事だと漠然と思ってはいますが、その発端がここにあるというのがコフートの主張です。

適度な欲求不満

自己の発達を考える際に、私が最も重要と考えるコフートのキーワードが「適度な欲求不満（optimal frustration）」です。

例えば親が、子どもによる理想化を受け入れて共感的に反応していくと、その反応が必ずしも理想そのままではないために、子どもは少し欲求不満を感じます。こうした欲求不満を繰り返しながら、親という「自己ｰ対象」への評価は、次第に現実的なものに改められていきます。同時に子どもは、欲求不満を感じても自分をなだめるやり方を学ぶのです。こうして、自己はいっそう安定したまとまりをもつことができるようになっていきます。

このように、自己の発達を促すうえで役立つような欲求不満を、「適度な欲求不満」と呼んでいるのです。

適度な欲求不満という言葉は、いろいろな場面で応用が利きます。育児など、子どもに接する場合の一つのあり方として重要な考え方です。もちろん何が適度かというような大変難しい問題もはらんではいますが。

この考え方からすれば、子どもの欲求の言いなりになることも、全部叱りつけて押さえ込んでしまうことも、等しく間違っています。子どもの事情と親の事情を常にすりあわせ、交渉を重ねて現実的な妥協ラインをみつけていく必要があるのです。

このとき生ずる「程よい欲求不満」こそが、人の成長を促す大きな要因となります。もちろん子どもばかりではなく、親自身も子どもという「自己‐対象」との関係において、自らの自己愛をより洗練されたものにしていく必要があります。ひきこもり治療に限ったことではありませんが、当事者と支援者、双方の自己愛がともに発達していくことが大切です。子育てから親が学び、治療から治療者が学ぶということの意味を、コフート理論は教えてくれるように思います。

双子自己－対象

「理想化自己－対象」の次にくる「双子自己－対象」関係というのは、平たくいえば友人関係などです。自分と他人は同じ人間であるという同胞意識に近いものです。きょうだいの存在なども含まれます。この関係が「中核自己」の二つの極の間に生ずる緊張によって活性化され、才能や技術といった執行機能、つまり行動の能力、行動の技術を発達させるのです。

すでに獲得されている野心と理想は、確かに人を動かします。しかし、実際に行動するためにはそれだけでは不十分で、テクニカルなものが必要です。それはうまく言葉をしゃべる技術も含め、人間関係のさまざまな局面で、対人関係をうまく処理するためのさまざまな複雑な技術であるとか、そういったものも含めて対人技術の総体が獲得される必要があるのです。

今まで述べてきた「鏡自己－対象」と「理想化自己－対象」については、これは家族が与えることができるものであり、ここまでは家族の機能が大変重要です。しかし「双子自己－対象」になってくると、基本的には（きょうだいは含みますが）友人関係など、家の外の対人関係によって発達する関係性です。

一般に、家族が子どもに対社会的なスキルを与える力は弱いのです。これは、対人関係のあり方が、家庭内と家庭外ではまったく異なるからということもあります。子どもも社会のなかで通用するような対人スキルを獲得するためにも、この「双子自己―対象」関係の発達は極めて重要です。こういう関係性のなかで、子どもの自己愛はいっそう洗練され、他人の自己愛に対しても配慮ができるようになっていくのです。

ひきこもりの問題が必ずしも家から出ないことではなくて、対人関係がもてないことであるということを、ここでもう一度強調しておきましょう。ひきこもってしまうと、前にも述べたように「自己－対象」との関係がもてなくなってしまいます。とりわけこの「双子自己－対象」との関係がないと、自己愛の発達が、野心と理想の段階でとまってしまう。だから彼らには、野心や理想はそれなりにあったとしても、技術の発達が起こらない。場合によっては、この段階に一〇年も二〇年もとどまってしまいます。私が『社会的ひきこもり』という著書のサブタイトルに「終わらない思春期」とつけたのは、そういう意味も込めてのことです。

融和した自己へ

前に述べた中核自己の構造というのは、単純な分だけ不安定で、常にバラバラになってしまう危険性をはらんでいます。しかしさまざまな「自己－対象」、とりわけ「双子自己－対象」を取り込んで、つまり「変容性内在化」することによって、次第に構造が安定したものになっていきます。この安定した状態を「融和した自己」と呼びます。

「融和」というのは、調和と言い換えてもいいかもしれませんが、そういうバランスが取れた自己の状態への変化は、「変容性内在化」がうまくいっていることを示しています。他人と接することが大切なのは、他人から安定のためのさまざまな機能や技術を吸収することで、自己が成長できるからです。ただし、それはあくまでも子どもの空想のなかで起こることであって、本当に他人から機能を吸い取ってしまうわけではありません。

パソコンの比喩でいえば、他人の能力を「転送」するのではなくて、「複製」しているような感じでしょうか。自分のなかに、相手の人格やさまざまな機能のコピーを作っていって、その機能を利用して、より安定した自己の構造を組み上げていくわけです。こうして自己の構造は、ますます複雑で洗練されたものに変わっていくのです。

コフートは、この「融和した自己」期における発達に問題があると、自己愛性人格障害の病理につながると考えていました。しかし現代の多くの研究者は、この段階における障害が境界性人格障害に結びついていると考えています。

境界性人格障害というのは、かなり自己愛性人格障害にも重なる問題ではあるのですが、少し違います。こちらはむしろ、感情や行動、あるいは対人関係など、さまざまな面において、はなはだしく不安定な状態が続くような人格障害を指しています。

これは、「融和した自己」のもつ安定した構造をうまく作れなかったために、安定した人間関係や落ち着いたものの見方を保つことが難しくなるためです。このため、暴力などの衝動的な行動化や、情緒不安定でいろんな相手をトラブルに巻き込むといった、さまざまな問題が起こります。

もっとも、誰でも肉親や恋人などの特別に近しい人間関係では、こんなふうに不安定な振る舞いをみせることがあります。家庭内暴力などはその典型で、普段は安定した健常者にみえる人であっても、そうした問題を抱えていることがよくあります。どんな自己も常に建設途上ですから、そうした不安定な状態に逆戻りすることもあるのです。人格障害と呼ばれる人たちは、そうした異常事態がそのまま固まってしまった人を指すのでしょう。

共感の重要さ

母親・父親の役割

成熟の過程のなかで、自分の内面、特に自己愛のあり方をできるだけ複雑なものにしておくことが大切です。今までみてきたように、構造は単純なものよりも、複雑な方が安定性が高いのです。

では、どうすればそういう複雑さを手に入れられるでしょうか。一つには、自分が愛着する対象をできるだけ複数化しておくことでしょう。つまり、いろいろなものに対して愛着する経験をもつことです。人や物にほれ込んだり、大切にしたり、あるいは失って落胆したり、そういう経験がことごとく、自己を成長させるうえで役に立つのです。

幼児期においては、このような発達過程を一貫して支えるのが、母親による共感的な理解です。共感的な対応があって、初めてバランスの取れた発達が起こるのです。もちろんここに父親からのサポートが加わったり、もっと直接的に父親が母親的役割を担うこともあり得ます。ですから、共感を通じて子どもの発達を促す仕事は、母親だけの専売特許ではありません。

子育ては常に共同作業です。母親の機能は、両親の夫婦関係によって安定したサポートを受ける必要があります。その意味では父親も、母親の自己愛を支えるという、極めて重要な役割を担っているのです。

欠損の修復は可能

コフートによれば、このとき十分に共感的なあり方で寄り添うことができなければ、共感不全によって子どもの心に欠損が残ります。実は私は、「欠損」というイメージはあまり好きではありません。何かまるで、本当に心に大きな穴がぽっかりあいてしまうような印象を与えるからです。もちろんこれは仮説の一つですから、修復不可能な欠損というふうにとらえる必要はないでしょう。

ただ、ここで共感がいかに大切かを十分に理解しておくことには意味があるでしょう。今まさにひきこもっている本人に対して、批判や叱咤激励ばかりではなくて、もう少し肯定的で共感に基づいた対応をする努力がしやすくなるかもしれないからです。

こういった欠損が早期の発達を障害すれば、人格の病理に結びつきます。しかしコフートは、人間の自己愛は一生を通じて成熟し続けるものと考えていました。仮にこうした欠損が生じても、その後の人生で母親以外の「自己－対象」、例えば友人とか治療者などとの関係によって修復することが十分に可能なのです。

発達理論のなかには、幼児期の発達の障害を、あたかも生涯続くような大きな欠損としてとらえるものもあります。しかし、コフートの場合はそのようには考えません。自己愛の成熟は一生涯続くのですから、最初の段階でつまずきが起こったとしても、後で取り返すことが十分にできるのです。こういう理論は、親にも治療者にも、あるいは当事者にも希望をもたらしてくれるでしょう。

受容する意味

前に述べた「適度な欲求不満」という発想は、子どもが未成年であろうと成人していようと、「使える」発想ではないかと思います。母親が鏡として受容するということです。本人の誇大な自己を、頭ごなしに否定しないで、とりあえず受けとめておくことにも、そうした意味があります。

ひきこもっている人の誇大な訴え、例えば「自分はすごい人間で何でもできるんだ」といった訴えは、聞いている人を不安にします。「早く軌道修正しないととんでもないことになる」という気になってしまいます。でも、ここはできるだけ冷静に対応すべきところです。

そもそもこういう訴えは、ほぼ決まって母親向けにしかなされません。つまり、訴える相手を選んでいるわけです。もっといえば、本人も本気でその通りに考えているわけではありません。プライドや願望、さまざまな無念さもあって大げさな訴えになりがちですが、それが無茶なことは本人にもわかっているのです。わかっていてもいわずにおれない、というような葛藤のなかで発言されていることが大変多いのです。

ところが、受けとめる側に余裕がないと、「この子は本気でそう思っている」と誤解してしまう可能性が高いのです。そこで焦って「そんなわけない」とか「そんなことできるはずないでしょう」といった言葉をつい口にしてしまう。しかし、そういう全否定は「適度な欲求不満」どころか、むしろなけなしのプライドを打ち砕いてしまいかねません。

ですから、そういう誇大な発言については、「そうなるといいだろうね」ぐらいに受けとめておくのがいいのです。「もしこれを否定しなかったらますます増長するのではないか」という不安はわかりますが、まずそうはなりません。

もちろん、そういう発言を肯定したり褒めたりする必要はないかもしれませんが、少なくとも否定はせずに、やわらかく受けとめることが望ましいのです。そうすることが、この場合は「適度な欲求不満」につながります。本人の願望通りにならないという意味では不満は残るのですが、不満を理解されたという点では納得できているからです。

単に自己愛を傷つければ成長するという単純な発想は、きっぱりと捨てて構いません。もちろん、ときには傷つきや欲求不満も必要ですが、傷ついた場合は修復作業が必要ですし、欲求不満については「それが適切かどうか」の判断が重要になってきます。それをしなければ、単にいじめや虐待になってしまいかねません。どんなときでも「自己愛の成長」のイメージを忘れずに対応することが望ましいのです。

持続的な支持対象

コフートによれば、最も望ましい発達は、青年期や成人期を通じて支持的な対象が持続することとです。特に青年期において、自分を無条件で支持してくれる人が一人でもいるということが重要とされます。これは家族でも恩師でも親友でもいいわけですが、そういう存在があるかないかで、人間に対する信頼度がまったく違ってくるのです。これはひきこもりの臨床では、しばしば経験することとです。

残念ながら、ひきこもっている人たちの多くは、思春期か青年期においてこういう重要な対象との関係が途絶えてしまっていることが大変多いのです。ひきこもっている人のほとんどがそういう状況にあると考えられます。その状況が自己愛の発達を阻害したり、社会参加への一歩をためらわせているのではないでしょうか。

だからといって、やみくもにいろいろな人と関係をもつことに意味があるというわけではありません。むやみに社交的であれというわけでもない。大事なことは、少しでもいいから自分を肯定してくれ、信頼を裏切らないような対象との関係をもてるかどうかなのです。

このような関係は、むしろ家族には難しいでしょう。むしろある程度、距離のある関係の方が望ましいと思います。

例えば、昔の恩師であるとか、あるいはひきこもりに理解のあるおじさんであるとか、あるいは親の知人であるとか、そういう「斜めの関係」の人の方が、そういう安定した関係を作りやすいかもしれません。もしそういう人が一人でもかかわっていれば、それはひきこもりの人にとっては、大きな救いになると思います。

たまにしか会わないけれども、会えばいろいろな話は聞いてくれるし、自分のことを一切責めないような、そんな立場の人がそばにいてくれたらと思うことはよくありますね。できれば、きょうだいとか親戚の方には、そういう存在であってほしいというのが、私の願いです。

極論すれば、ごくたまに手紙のやり取りをするだけでも、一生涯を通じての支持的対象としてかかわることは、十分にできると思うのです。今はメールなども使えますから、そういうかかわりはもちやすくなっているのではないでしょうか。

私は例えば、学校の先生などにそういうことを期待してしまいます。担任していて、ちょっと心配だなという生徒がもしいたら、そういう子には卒業してからも、年賀状だけでも出し続けていただけたらなと思うのです。ときにはそれが、本人と社会をつなぐ唯一の回路となって、いつか再び社会に足を踏み出していくきっかけになるかもしれません。

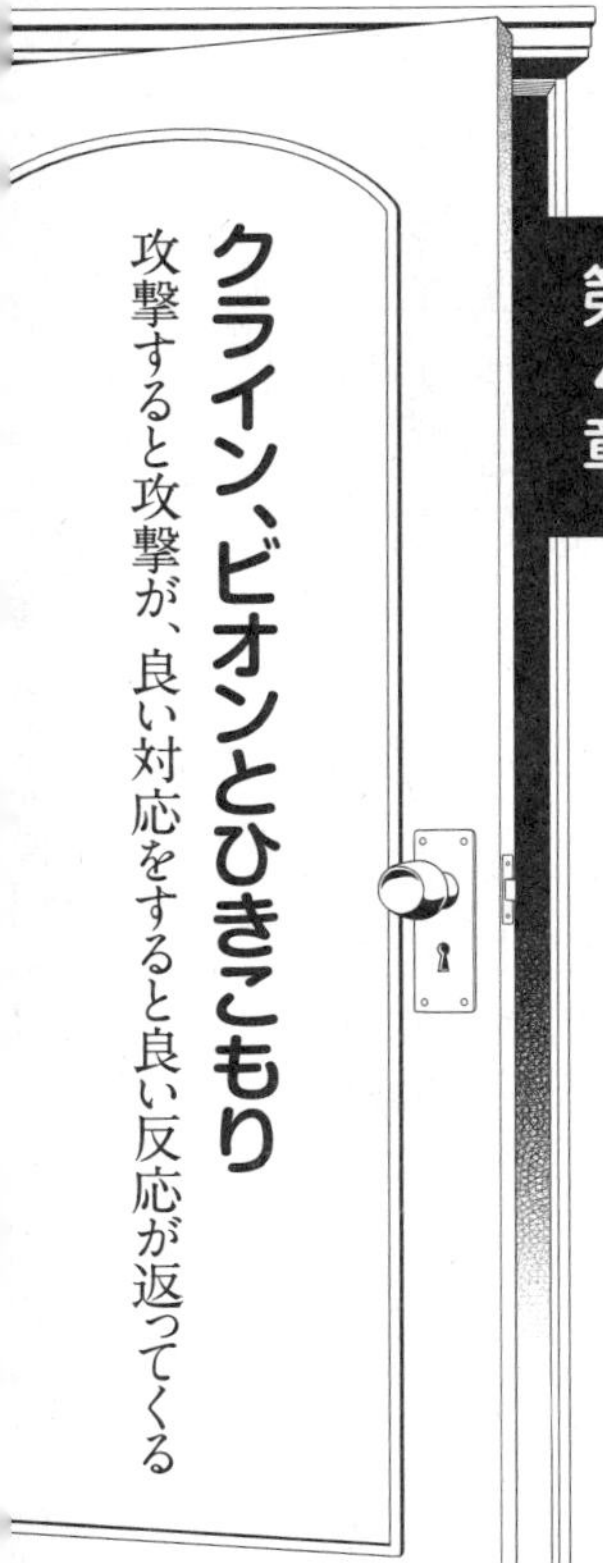

第4章

クライン、ビオンとひきこもり

攻撃すると攻撃が、良い対応をすると良い反応が返ってくる

クラインの対象関係論

子どもの対象関係とは

本章では、メラニー・クライン（一八八二—一九六〇）とウィルフレッド・ビオン（一八九七—一九八一）という二人の精神分析家の理論を簡単に紹介します。

まずメラニー・クラインですが、彼女は対象関係論という一大学派を創始した、現代にも非常に大きな影響力をもつ分析家です。対象関係などというと難しく聞こえますが、基本的には人間関係のことです。

とりわけ人間は、子どもの頃から、母親という重要な対象との関係において成長発達を遂げることになります。この関係性のあり方いかんで病気になったり問題を抱えたりする。だから、その人の対象関係のあり方を分析することで、問題を解決できる。対象関係論の大本には、そういう考え方があります。

もちろんこれも一部はフロイトに由来する考え方なのですが、フロイトの発想をもっと大胆に応用し、発展させたものということができます。

人間関係といっても、うんと小さな子ども、とりわけ乳児にとっては、まだ対象関係がきちんと成立していません。むしろいわゆる口唇《こうしん》期においては、お母さんの乳房が唯一の対象だったりします。つまりお母さん個人ではなく、お母さんの体の一部であるおっぱいが対象となるのです。

幼い頃には、こういう人間ではない対象とのかかわりが重要になります。クラインという人は、対象の概念をいっそう拡張し、無意識のなかのイメージや幻想も含めて対象であるとみなしました。頭のなかだけに住んでいる幻想の人間や幻想の動物、あるいは自分が愛用している人形やタオルケットなども、子どもにとっては重要な対象なのです。

幼児期の自我というのはとても不安定で、とりわけ乳児は母親を、良いところも悪いところも兼ね備えた一人の全体的な対象として認識できません。自分を叱るお母さんは悪い人、自分におっぱいをくれるお母さんは良い人、この二人は別々の人、というふうに認識されることがままあります。これが子どもの対象世界の特徴です。

子どもの対象関係は、より不完全で、より幻想に支配されやすくて、より部分的なものなのです。

クラインによれば、生後すぐに「死の本能」が活動し始めるので、乳幼児はしばしば、死の不安に脅かされています。これには異論もありますが、少なくとも、この発想はクライン理論の基本にあるものです。

クラインという人は、子どもに同一化したり、子どものみているファンタジーとか幻想の世界に対する非常に強い共感能力と理解力がありました。

その能力をいかんなく発揮して、彼女は幼児にも死の欲動があるということに気づきました。死の欲動は死の不安につながります。こうした不安、自分もいずれ死ぬのではないかという不安が、子どもの成長を促すと彼女は考えたのです。

投影のメカニズム

乳児のなかに生じるネガティブな感情や攻撃性は、排除され、否認され、外部に投影されます。どういうことでしょうか。

子どもの心のなかに、このお母さん嫌いだとか、憎いとか、どこかへ行っちゃえとか、そういう攻撃的な感情が湧いてきたとします。しかし子どもは、そういうネガティブな感情が続くことに耐えられません。自分のなかにそういうマイナスな感情があるのはとてもつらいことなので、子どもはそれをなかったことにしようとします。これを「否認」といいます。

否認された感情はどうなるのでしょうか。そうした感情はしばしば、相手に押しつけられます。例えば怒っている人が、自分が怒っていることは否認して、相手が怒っているんだと主張するような場合がそうです。

あるいは、何か今日はみんなが自分に対していらいらして文句をいってくるとか、みんな自分に対して怒っているんじゃないかと感じるようなときは、よくよく考えてみると自分が一番怒っている、などという経験も、日常的によくあることです。

こういうことは、人からいわれないとなかなか気がつきません。精神分析の言葉というのは、そういう気づきのきっかけとして役に立つことが多いのです。それはともかく、投影の意味はもうおわかりでしょう。自分のなかにあるマイナスなものを自分以外の誰かに押しつけて、相手のものであると主張すること、これが投影のメカニズムです。

妄想―分裂態勢

良いおっぱいか悪いおっぱいか

乳児の知覚のなかでは、母親は全体的なひとまとまりの対象ではなくて、乳房や手といったバラバラの部分対象として知覚されています。例えば母親は、乳児に満足を与えてくれる良い乳房と、欲求不満を与える悪い乳房として別々に認識されることになります。お母さんという存在を一人の人格、一人の人間として認識することは赤ん坊にはまだ難しいのです。

赤ん坊にとっての母親は複数います。例えば、一人の母親が「良いおっぱい」か「悪いおっぱい」かという具合に、別々に認識されるのです。目の前の母親がもし泣いていてもミルクをなかなかくれなければ、悪いおっぱいと認識されます。逆に、すぐにミルクを与えてくれれば、良いおっぱいとして認識されます。これは非常に未熟な認識ですが、実はこういう認識は、人間に一生ついて回る認識の一つのパターンなのです。

悪いおっぱいによって不安を引き起こされると、乳児は迫害される不安から、悪いおっぱいを憎み、むさぼり食ってやりたいというサディズムを発揮します。ここで重要なのは、相手が悪ければ自分も悪くなるという組み合わせです。悪いおっぱいが攻撃してくる、じゃあ自分も攻撃し返そうと乳児は考えます。こんなふうに、悪い対象が出てくると、自分も悪くなってしまうのです。

乳児はもともと、自分の攻撃性をおっぱいに投影して、それを悪いおっぱいだと認識したわけです。ところが、その相手の攻撃性を、今度はもう一回自分に取り込んで、それで再び相手に対する攻撃性として返そうとします。このとき不安があまりにも強いと、自我は自らを分裂させ、破壊衝動を弱めようとします。でもそのせいで自我はバラバラになり、分裂病（統合失調症）的な解体が生じてしまうのです。

一方、乳児の「生の本能」は良いおっぱいに対して愛情という形で投影され、母親から愛情を向けられることで、乳児の心のなかにも取り入れられて内的な良い対象となります。「生の本能」は、結合力の弱かった乳児の自我を、統合へと向かわせる力があるのです。

お母さんが親切だと子どもも愛情を返します。愛情を返すと良いおっぱいは自分に対してますます優しくなって、そこで良い循環が生じてくるのです。こうして心のなかに、良いおっぱいが良い対象として内面化されていきます。

良い対象があることによって、対象の統合が進んでいきます。それまで別々にとらえられていた悪い対象と良い対象が、実は同じ一つの対象であることが認識されていくのです。

そのためにも、良い対象を取り込むという過程は欠かせません。良いおっぱいの機能を十分に使うことによって、最終的には対象の統合が起こるということがクラインの主張なのです。

恨み半分、感謝半分

おわかりの通り、ここまでは一種の善悪二元論です。良いおっぱいが出てきたときは良いボクを出す、悪いおっぱいのときは悪いボクを出す、これがセットになっているからです。この時期のことをクラインは、「妄想—分裂態勢」と呼びました。良い—悪いの判断によって、相手も自分も分裂してしまいやすく、ときには被害妄想的になったりもするからです。

しかし、悪い相手に対しては悪い自分を出す、良い相手に対しては良い自分を出すという態度は、大人になってからも部分的には残ります。ですから、腹を立ててひどく攻撃的になっているときなどは、果たして本当に相手だけが悪いのか、相手からの悪い刺激に反応して自分も悪い自分、醜い自分をわざと出しているのではないのか、というふうに反省してみることにも意味があるのです。

これに関連していえば、私はよく、ひきこもっている人の気持ちを理解するときに、「恨み半分、感謝半分と思ってください」という言い方をします。これなどはまさに、妄想―分裂態勢のことを意識しています。

「恨み半分」というのは、親が批判や叱責といった悪いものを出してくると本人も悪いもの、例えば「恨みつらみ」などで対抗してきますよということです。「感謝半分」というのは、親が万事控え目にして、本人に対する思いやりのみで接していくと、本人も自分の弱い部分とか、親への思いやりとか、そういった良いものを出してきますよという意味です。

ひきこもっている人には、こういう本来ならば未熟なタイプの防衛機制がよくみられます。一つには、前にも述べた通り、思春期で人格的な成長がとまっていることが多いためです。もう一つは、ひきこもり生活のなかでは、退行、つまり一種の「子ども返り」が起こりやすいということも関係してきます。

その結果、クラインでいえば未熟な妄想—分裂態勢がいつまでも続くことになります。だからこそ、恨みつらみを延々と聞かされて困りきっている親には、本当にそういう場面しかなかったのかどうか、よく考えていただきたいのです。

よく思い返してみれば、少しは小春日和的なひとときもあったかもしれません。あるいは、一時的にせよ親思いの顔をみせてくれるときもあったかもしれません。でも、それをとらえそこなってしまって悪い対応を続けた結果、本人から悪い態度だけを引き出してしまっている可能性もあるのです。

過去の恨みつらみの訴えは、しばしば親が出している「悪いもの」に対する反応です。あるいは、今は出していなくとも、かつて出したものに対する反応が続いている可能性もあります。「悪いもの」というのは、例えば攻撃性です。

「いや、それは違う。子どもに対して攻撃性なんかない」という親でも、「怠け」とか「甘え」、あるいは「わがまま」といった言葉を口にしたことはないでしょうか。そういう言葉は、表向きは正論ですが、裏に攻撃性を秘めています。要するに「あなたの状態が私は気にくわない」と攻撃しているわけですから。

しかし、いくら「気にくわない」といっても相手は変わってくれません。変わるどころか、「気にくわない」といわれた人は、もっと気にくわない自分を出して、批判に対抗しようとするかもしれないのです。

こういう悪循環に早く気づくためにも、まず親自身が、妄想―分裂態勢に陥ってしまっているのではないかと反省してみる必要があります。さもないと、本当にいつまでも、「お天気かどしゃ降りか」みたいな、不安定な感情の応酬が続いてしまいかねないからです。

「ほどほど」が難しい

私はよく、ひきこもっている人たちは「白か黒か」の両極端の判断しかもたなくて、グレーゾーンがないということもいいます。攻撃か感謝か、憎悪か反省かしかなくて、「ほどほど」がないのです。これにひっぱられて、親まで「ほどほど」を忘れてしまうことがしばしばあるようです。

親についていえば、本人に対してべったりか突き放しかの二つのモードしかないという、大変貧しい状況に陥りやすいのです。これは、情緒的なあり方としては非常にまずいことです。

両極端の情緒の間を行ったり来たりしている間は、良い変化は極めて起こりにくいからです。浅い変化ばかりが続いていると、本当に意味のある発展は、極めて起こりにくくなってしまうのです。

強い感情の流れに抵抗するのは、とても難しいことです。しかし、そこを抜け出すのを先導するのは、やはり親の役目です。本人から自発的に抜け出すことは非常に困難なので、まず親が一歩引いて、激しい感情の応酬から身を引くことです。互いに冷静になれたら、相互性のある関係をもう一度築き直すこと。これが、当面の目標になります。

もちろんこれは、親子関係に限らず、あらゆる場面で起こり得ることです。普通の人間関係のなかでも、ときには相手が人間でなくても起こることがあります。

自分の気持ちと周りの雰囲気が過度にシンクロして、良いときはみんな良くて、悪いときはみんな悪いといった、そういう発想に陥りがちだったら、それは危険な徴候かもしれません。そういうときは、妄想―分裂態勢のなかに、少し片足が入っているかもしれないからです。そういうことをちらっとでも考えられたら、少し冷静になれるかもしれません。何もかも、全部悪いとしか思えないときでも、それが一時的なものので、いずれ終わると思えれば、うまくやり過ごして冷静さを回復できるはずです。

投影性同一視

げすの勘ぐり・腹の探り合い

次に、「投影性同一視」について説明しましょう。

これは、"Projective Identification"という言葉の日本語訳ですが、これも大変重要な言葉です。自分の一部を対象に投影した結果、生まれる感覚を指しています。つまり、対象が自己から投影された部分のもつさまざまな特徴を獲得したと知覚されるわけです。

少しややこしい表現ですが、例えば自分が怒っているときに、まるで相手が怒っているように感ずる場合などがそうです。いわゆる「げすの勘ぐり」などにも通ずる感覚です。このような感覚がゆきすぎると、自分が投影した対象と同一視されてしまうようなこともあるようです。そこまでひどいものはともかく、軽いものなら誰でも経験することでしょう。

投影性同一視も、ひきこもりでは非常に起こりやすいものです。なぜでしょうか。同じ空間で一緒に暮らしているのに、会話がない状態こそが、投影性同一視、すなわち勘ぐりの温床なのです。

ですから投影性同一視は、ひきこもりに限らず、断絶した夫婦間や親子間でも起こりやすいのです。これを避けるためには別々に暮らすか、会話を増やすか、どちらかしかありません。普段から活発に会話をしていれば、投影性同一視はかなり予防できます。

ひきこもっている場合、親子間であっても「腹の探り合い」が生じます。

ひきこもっている本人は、しばしば強い自責の感情をもっています。自分というのはどうしようもない穀《ごく》つぶしで、生きる価値がない人間だ、くらいのことは考えています。そして、この感情を親に投影するのです。つまり、こんな自分を親は憎んでいる。早く追い出したいと思っている。じゃあいつ追い出されるんだろうかというようなことをずっと考えています。しかし、親にはわが子がそんなことを考えているとはなかなか気づかれにくい。

なぜ気づかれないのか。一つには、そんなことを親としては思いもしなかった、ということもあります。本人も親の前では結構強がってみせるので、そういう恐怖感はまったくみえてきません。だからこそ、そういうことがあり得るという可能性は、普段から考えておく価値があるでしょう。

それでは、親は本人に対して何を投影しているのでしょうか。親がしばしば思うのは、本人がこのままずっと怠けて、親のすねをかじって暮らしていくつもりであるに違いない、ということです。

そこで投影されているのは、親の怒りです。親の怒りを本人に投影すると、本人が親に対して腹を立てており、親をとことん困らせるために働こうとしない、といった勘ぐりが生じます。もちろんこれも思い込みです。

親の不安が強い場合ほど、この状態がずっと続くのではないかという恐怖感、本人が確信犯的にひきこもっているのではないかという恐怖感、そういう思い込みが大変強くなります。しかしこれは、ごく典型的な誤解のパターンなのです。

要するに、子どもがひきこもっている家庭では、いずれ追い出されるとおびえる本人と、ずっとすねをかじられるとおびえる親という組み合わせが、一番ありふれたパターンなのだ、ということです。

会話で勘ぐりが起こりにくくなる

私がいつもあれこれあいさつしたり、話しかけたりして「構う」ことを勧めるのは、まさにこの投影を防ぐためです。言葉で構っていれば、投影は大変起こりにくくなります。これも会話の効能です。できるだけ本人の気持ちが楽になるような形で会話を進めていければ、それが「良いおっぱい」的に作用して、人格の統合を進めることができるかもしれません。

もちろん悪い構い方は困りますが、放っておくのはさらに問題です。放置されるとなお、投影性同一視が起こりやすくなるからです。本人は「ああ、ついに見放された」と思い込んでしまって、ますます自暴自棄になっていくのです。

なぜ会話だけが重要で、メールや手紙ではいけないのか。一つには、メールでは情報量が少なすぎて、さまざまな勘ぐりの余地が生まれるためです。情報として貧しいと「こういうふうに書いてあるけどこの裏の意図は何だろう」というふうに思わせてしまうのです。ですから、ときには繰り返し読んでいるうちに、どんどん妄想的な思い込みが膨らんでいくこともあります。

一方、誠実な態度で話している分には、対面の会話というのは、そういう疑念が非常に入り込みにくいのです。ときには会話であっても裏の意図を勘ぐられたりするかもしれませんが、裏の意図を勘ぐるような会話というのは、言葉数が少なかったり、断定調だったり、攻撃的だったり、皮肉や嫌味だったりなど、あまり良い構い方ではないことが多いのです。誠実に良い構い方をしている分には、その意図を勘ぐられることは起こりにくいものです。

人間はネガティブな感情に長くは耐えられません。どんなに親が自分のことを疎ましく思っているに違いないと思えたとしても、良い対応を続けられると、だんだんとそちらの方を信じてしまうわけです。良い対応を続けることには、そういった大切な意味があるのです。

ビオンの理論

α機能とβ要素

クラインに続いて、インド生まれのイギリスの精神分析家、ウィルフレッド・ビオンの理論を説明します。ビオンはクライン学派の流れをくむ人でもありますので、この章で触れることにしました。

ビオンは数学や論理学の影響を受けながら、極めて難しい理論を作り上げた人として有名です。前に紹介したラカンとはまた別の意味で難解な理論ですし、ここではその概略すら解説するのは難しいのですが、さまざまな意味でとても重要な貢献をしてきた人ですから、簡単に触りだけでも紹介しておきたいと考えています。

ビオンは母子関係のなかで、ある感覚や欲望、あるいは感情が、どのようにして子どもの内面に取り込まれていくかを、独自の用語を用いて詳しく検討しています。

簡単にいえば、こういうことです。乳幼児のなかには、自分でもコントロールできない、取り除きたいほど嫌な感覚や知覚、欲求、感情があります。これを「β要素」

といいます。

子どもはこのβ要素を母親に投影しようとします。母親が十分バランスが取れていて、自由に夢想する力を発揮できれば、母親は容器として投影された感情を飲み込み、十分に咀嚼《そしやく》して、それを再び子どもに返すことができます。このときβ要素は固有の意味に翻訳・変形され、子どもが吸収しやすい形になっているわけです。

クラインの理論に戻れば、これは子どもの投影性同一視を意味のある思考に変容させるうえで、極めて重要な過程でもあります。

とにかくネガティブなものは、子どもにとっては異物なのです。つまり、ここでは「異物であること」を「β要素」といっているわけです。わかりやすくいえば、異物＝β要素をお母さんのなかに投げ込むと、お母さんがそれをぐっと飲み込んで、お腹で消化して、良いものに変えてもう一回返してくれるのです。その良いものを取り込むと免疫ができて、次からそういった要素にぶつかってもきちんと受け入れることができるようになってくるわけです。

例えば「攻撃性」なども、そうした異物＝β要素として理解されます。子どもの攻撃性をお母さんが冷静に受けとめて、「それはあなたにとってこういう意味があるんだよ」という注釈つきで子どもに返す。そうすることで、子どもは自分の攻撃性を適切に受け入れたり、コントロールしたりできるようになるのです。

ここにも分析家が好んで使う「食べる」イメージ、口から物を取り込んで、食べて、消化して、排せつして、またそれを取り込んでという、そういうイメージがフルに活用されています。

このとき、異物としてのβ要素を、無害なものに変換してくれる機能は、α機能と呼ばれています。

例えば、空腹で泣きわめく赤ん坊の「泣き声」はβ要素です。泣き声は、赤ん坊自身の耳からそのまま取り込まれて、自分自身をも脅かします。もしそこに母親がいて子どもに母乳を与えることができれば、このとき子どもの泣き声というβ要素は、母親のα機能によって「おっぱいがほしい」というサインに変形され、母乳という安全な形に翻訳されて口から入ってくる。ここでは泣くことが母乳という翻訳を経て、子ども自身にも、自分自身にも理解可能な形になってくるわけです。

ひきこもりにとってのβ要素

この考え方は、いろいろと応用が利きます。

例えば、長くひきこもっていた人に対しては、外の世界というのはしばしばβ要素そのものです。受け入れがたく恐ろしい異物、自分が触れることができない異物なのです。

そこでわれわれ治療者がするべきことは、外界の刺激をより受け入れやすい形に翻訳・変換して、とりあえずは飲み込んでもらうことです。これがデイケアとか居場所の機能になるわけです。

あるいは、子どもの家庭内暴力もまた、β要素の一つです。つまり、それを振るってしまう本人自身をも苦しめる、という意味においてです。そうした暴力には本来意味はないので、適切な意味を与えることで鎮静化できる場合があります。私が家族に、暴力の徹底拒否と十分な会話を勧めるのも、暴力に枠組みを与え、それを意味づけることで、暴力の必要性をなくしていくためです。

基底的想定グループ

集団における意識と無意識

次に、集団の分析家としてのビオンを取り上げようと思います。

ビオンは集団というものについて、それ自体が一つの実体をもった存在であり、単なる個々のメンバーの心理集合体ではないことをまず強調します。集団というのは一つの心をもっている。個人の心理を重ねていったから集団になるわけではなくて、集団には集団独特のものの考え方があって、それを理解することは集団のなかでのダイナミクスを知るうえでは、大変重要であるとしているのです。

グループには、個人の心理過程と同様に、意識的な過程と無意識過程が共存している、とビオンは考えます。これがとても大事なところです。要するに、個人だけではなく、人間の集団にも意識レベルと無意識レベルがあるという区分です。これをビオンがみつけたことは非常に大きな意味をもっていると思います。

ここで、意識に当たるものが「作業グループ」、無意識に当たるものが「基底的想定グループ」とされます。

意識としての「作業グループ」には、理性とか、教育とか、課題とか、いろいろなわかりやすい目標や動機が設定されていて、それに基づいていろいろな作業がなされています。

われわれが普通、グループを考えるときは、このグループは何を目的として、どういった期間、どのような活動をするのだろうか、ということをまず考えるわけですが、この部分に該当するのが作業グループというわけです。

ところが、この作業グループが作られていくと、同時に並行してその根本的な部分、まさに基底的な部分において、無意識的な過程が出てきます。

ここではぜひ、家族というグループをイメージしてみてください。家族もグループです。家族を作業グループとしてみるならば、その機能は、例えば仕事や家事や学校の勉強などの生産的な作業によって、日常生活を維持していくということになるでしょう。

しかしその反面、家族のなかにどのような無意識があるかということは理解されていないことがよくあります。だから大変恐ろしいのです。一般に、そのグループにはどのような無意識が隠されているのかということは、外の視点からの分析を通じてでないと、なかなか理解されません。

逆にいえば、その基底的な想定がきちんとわかってくれば、そこからグループはより健全な方向に向かうことができるわけです。しかし、普通はそのグループが、どんな恐るべきネガティブなファンタジーを共有しているかを誰もが知らない。そういうことがしばしば起こるのです。

集団も退行する

ビオンは、クラインの理論を集団にも当てはめることで、集団も退行すること、つまり原始的で病的な状態に変わり得ることを示しました。そう、集団にも精神病的な不安や、それに対する原始的な防衛が起こり得るのです。例えば投影性同一視や分裂のメカニズムが再活性化されるような事態です。これが、集団における退行現象であるとビオンは考えました。

集団が退行すると、集団がもっている象徴化や言語的コミュニケーションの能力が損なわれてしまいます。こうなると、その集団は基底的想定レベルに退行しているということができます。基底的想定のレベルでは、言語を用いたコミュニケーションが減っていって、代わりに非言語的交流が活用されます。

一般に、集団というものは神経症的パターンの行動をとりがちなものですが、退行した集団は精神病のパターンの方に近づいていくとビオンは考えました。無意識の方が優位になり、無意識的な欲望に従って集団が動かされていくこと。こういう状態を精神病的とビオンはいっているわけです。

この集団の無意識的過程で用いられているのが、投影とか、取り入れとか、否認とか、分裂とか、投影性同一視などのメカニズムです。これらはすべて、クラインのところで取り上げられたばかりの概念ですが、そういう原始的な防衛ばかりが用いられがちです。知性化といった成熟した防衛機制はなかなか用いられません。

家族の目的を明確に意識する

先ほど、家族のなかで家庭内暴力など、さまざまなひきこもりがはらむ問題が起こった場合について説明しました。家族は、何とかわが子をひきこもりから抜け出させようという作業グループとして機能しようとします。しかし残念ながら、それはまったく機能しません。

これは、家族の無意識の部分において、家族関係を破壊するようなエネルギーが渦巻いているからです。それがどのようなエネルギーかというと、クラインのところで述べたような、勘ぐりや腹の探り合いから生じてくるような投影であったり、妄想—分裂態勢などです。これが続いている限り、家族は作業グループとしての本来の機能を回復することができなくなります。

私がマニュアルなどを通じて試みていることのほとんどは、この点に焦点が当てられています。まず一つは、家族の無意識、つまり基底的想定に相当するようなパターンの指摘です。

もしそういうパターンがあれば、それはこういうことですよと指摘していきます。つまり、家族における無意識的でネガティブなものが作動している過程について外部から指摘しながら、それに気づいてもらうのです。そうしたものがある限り、目的をもった家族の集団というのは維持されにくいからです。

家族にはまず、作業グループとしての目的を明確に意識してもらい、できるだけ意識レベルで対応を考えてもらう必要があります。それが、私が著書などでお勧めしている対処法の眼目なのです。

無意識的な要素を切り捨てて、自分が今何をしているかをきちんと理解すること。対応方針のなかで、自分の振る舞いがどういう意味をもつかを理解しつつ、とるべき行動を意識的に選択していくこと。なぜそれが重要なのでしょうか。

誰のせいでもないのに「何となく、成り行きでこうなっちゃいました」ということが、日本人の集団のなかではとても多いのです。いわゆる無責任の体系です。家族も同様で、「気がついたらひきこもりがこじれていた」といった事態が、一番典型的なパターンです。

もちろん、そういう無意識のグループダイナミクスが良い結果をもたらす場合もあります。日本的な集団のなかでは、その場その場の選択をメンバー全員が意識して選んでいくということはむしろ少ないとされます。むしろ、以心伝心的なやり取りのなかで、何となく形成された合意に基づいて動いていくうちに良い結果が出てしまう、ということも多いのです。これは良く働いた場合の話です。しかし、いつも良い方にばかり働くとは限りません。

グループダイナミクスのなかの無意識

家族の無意識、すなわち基底的想定には、目にしたくない現実がいっぱいあると思います。家族のなかには、必ずしもひきこもりの人に対してプラスに働くとは限らない、いろいろな欲望があるのです。それを少しずつ家族自身の意識にのぼるようにしていくことが、私の家族相談の第一歩なのです。

ビオンは、どのようにすればこの基底的想定から自由になって、作業グループに戻ることができるか、具体的にはあまり明らかにしていません。

ただ集団にも無意識があること、家族には家族というグループのなかの無意識の過程があるということ、そういうことを想定してみることは意味があるでしょう。そうした想定のうえで、そこからの影響をできるだけ小さく抑えていこうとがんばることは、目標としては悪くないと思います。

もちろん以上は、ビオンをかなりわかりやすく応用した例で、本当はビオンという人は、もう少し複雑怪奇なことをいっぱい考えた人です。この紹介はごく上澄みのような、すごく浅い紹介にすぎませんから、関心がある人はビオンの著作に直接あたるか、詳しい入門書などを読むことをお勧めします。

ただ、上澄みではあっても、この「グループダイナミクスのなかの無意識」という発想は、家族療法的にも、あるいは集団療法的にも結構応用が利くものです。それゆえここは、あえて浅いレベルで紹介しておくにとどめます。本格的なビオンの専門家の足元にも及びませんが、ただ集団力動のなかの無意識ということを強調しておきたいと思います。

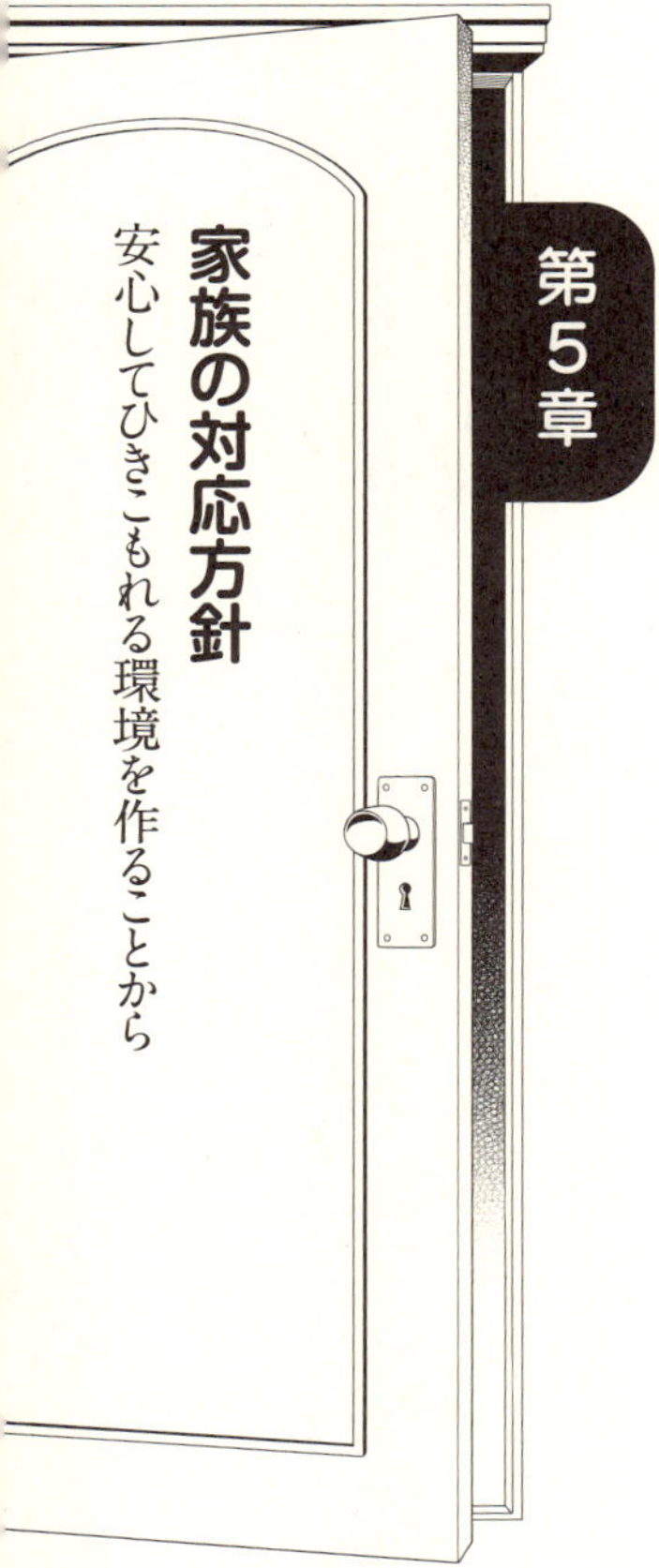

第5章

家族の対応方針

安心してひきこもれる環境を作ることから

「家族の常識」を疑う

ます。

安心してひきこもれる環境作り

本章では、ひきこもり本人に家族がどのように対応すべきかを考えます。おそらくこの章の内容は、これまでの理論の応用を含んだものになるだろうと思います。

この本の目的の一つが、ほとんどの対応が現場の経験だけから生み出されたものではなくて、きちんとした理論的裏づけがあってなされていることを紹介することでした。ただ、臨床現場はどうしても折衷的になりますから、一つの理論だけではとても立ち行きません。そこで、いろいろな理論のつまみ食い、寄せ集め的になるのです。

ひきこもり事例で治療的対応を考える場合には、家族環境の調整をまず先にする必要があります。そこから個人治療、集団適応支援になっていくわけです。この章では、まず家族の基本的対応の指針から説明しましょう。

家族相談のところで何をするかといえば、「環境調整」です。

ひきこもっている本人にとって、家族関係イコール生活環境ですから、この調整なくしては治療にならないというくらい、この段階は重要です。

もちろん疲れ切った家族からすれば、「いい加減大人なんだから、いつまでも家族にかかずらっていないで早く自立してほしい」というのが本音かもしれません。しかし今はまず、理想や願望よりも「何が現実的か」について考えるべきではないでしょうか。

なかには腹立ちまぎれに「けしからんから家から追い出す」と息巻く親もいます。しかしまず、少し冷静になって、よく考えてみてほしいのです。例えば次のようなことを。

「その決意は両親の間で合意できているのか？」

「ホームレスになったり自殺したりしても仕方ない、くらいの覚悟はできているのか？」

「追い出した後で、ついかわいそうで仕送りしてしまいたい気持ちになっていないか？」

私は何も「追い出すなんて言語道断だ」といいたいわけではありません。ただ、そこまで割り切れるご家族なら、そもそもこんな本は読まないでしょう。私はこれまで「後は野となれ」という自暴自棄な決断を下さずにこられたご家族の労を多としたいと思います。そのうえで考えるべきは、差し当たり「いかに共存するか」ということになるでしょう。

　ひきこもり状態は、誰もがなり得るような、ありふれた状態といえます。ですから、病気として考えるなら、かなり軽い部類に属しています。だからこそ、環境調整くらいで立ち直ってしまうケースが時折みられるのです。その意味では、マニュアル的な対応であっても、相当程度の改善が見込めます。

　何よりこのような手順でことを進める方が効率も良く、変化も確実なものになりやすいのです。専門家に、美談や魔法を期待する親もいますが、それは少し無理があります。改善とは、その理由と過程がみえているときに、最も望ましい形で起こるものです。ただしそのためには、親も他人任せではなく、自ら当事者としてかかわらなければなりません。

　対応のうえでまず私がめざすのは、家族が抱いている常識をいったん覆すことです。ひきこもりとはこうであろうという先入観や「常識」的判断を、いったんご破算にするのです。ですから、私は結構逆説的なことをいいます。例えば「安心してひきこもれる環境を作ってほしい」みたいなことです。

これは、家族それぞれがもっている常識や文化みたいなものが、ひきこもっている当事者を苦しめていることが多いからです。ビオンのところで触れた、家族グループの無意識の部分です。

ですから、まずはじめにしっかりと覚悟を決めてもらいます。そのために「まず親が変わらなくては話になりませんよ」「今までの常識は捨ててもらうこともありますよ」「時間もそれなりにかかりますよ」といったことを、最初に説明するわけです。

親も間違いを犯す存在

とりわけ、まず変える必要があるのは、「上からの視線」です。

多くの親は、子どもの前では間違ってはいけないと思い込んでいます。だから、間違いをなかなか認めようとしません。親のコケンにかかわる、わが子に舐められる、などの考え方が背景にあるのでしょう。

しかし、無理に体面を取り繕う姿勢そのものが、本人からバカにされ軽蔑されてしまうこともあります。それでなくとも、いったんそういう保身に走ると、間違いを認めることがますます難しくなるという悪循環が生じやすいのです。

思春期以降は、親というのは軽蔑され、踏み台にされ、バカにされることで乗り越えられる存在です。むしろ思い切って、体面をかなぐり捨ててみることです。そのうえで、できるだけ本人と近い立場で、共感に基づいて試行錯誤を試みていく姿勢が必要になるのです。

親も間違いを犯す存在であるということ、同時に間違いを改める柔軟性もあるということをきちんとアピールすることが大切です。もしそれができれば、本人との関係性ははるかに進展するか、少なくとも進展しやすいものになるでしょう。

まず「安心」と「共感」を

試行錯誤を繰り返して

ここまでさまざまな精神分析の理論を学んできて、基本的なところでは考え方が共通していることに気づいた方もいると思います。それは、子どもの成長の過程というのは、親との関係性において、「安心」を基盤とした自立の試みの繰り返し、ということです。

最初にあるのは、包み込まれるような母子一体の空間です。しかし、いつまでもその空間にとどまることはできません。母親による保護を前提として、少しずつ自立へ向けた働きかけがなされていきます。ラカンのところで触れた「去勢」にしても、コフートのところで触れた「適度な欲求不満」などもそうです。

まずは本人との信頼関係を作るなかで、安心できる環境を整え、そのうえで少しずつ、受け入れ可能な範囲で自立への働きかけを試みる。これは、私の治療相談における基本的な考え方でもあります。

家族相談においてはこのような環境調整、ならぬ関係調整をめざして、対応の工夫が続けられます。そういう試行錯誤を繰り返すなかで、次第に正解の方向がみえてくるのです。この、試行錯誤という姿勢を忘れない限りは、大きく間違うことは避けられるでしょう。

安定した土台になる

二番目の個人治療については、後でまとめて述べますので、ここでは省略します。治療全体の流れの三番目は、集団適応支援です。デイケアなり居場所なり、可能であればひきこもり経験者同士の集団のなかに参加して、そこで親密な仲間関係を経験してもらうのです。これはひきこもりの治療では、極めて大きな意味をもちます。

思春期以降の人間にとって、自信の最大のよりどころは、家族以外の人間関係です。何らかの達成感のみで自信を調達しようとすることは、しばしば不確実で、むしろ自信喪失につながってしまう可能性もあります。この時期に他人から承認され、受け入れられることの必要性については、コフートの章でも何度か触れてきました。

それでは、なぜ家族の承認のみでは自信にならないのか。例えば異性からの受容と承認は、自信の最大の源の一つなのです。しかし、当然のことですが、家族は性愛については何ら寄与することができません。性愛を与えるのは常に他者ですが、家族はその意味での他者ではないからです。それゆえ家族にできることは、とりあえず「壁」になることをやめ、「踏み台」として外に歩み出すことを支えるところまででしょう。

ラカンやコフートの章でもみてきたように、家族というのは他者と自己の中間的存在といえます。家族が安心をもたらしてくれなかったら、その先にいるであろう他者が信頼できるわけがありません。だからこそ家族には、本人に対して安心をもたらす他者であり続けてほしいのです。逆に「追いつめれば自立するかも」という思い込みから無用な不安をもたらすことは、社会参加を大いに妨げます。

家族が与えられる安心は、衣食住の安心でもあり、心理的な安心でもあり、家族関係の安心です。差し当たりはあなたを見放さない、見捨てないという安心感を与えてあげなければ、本人はそこを土台として外に打って出ることすらできないでしょう。土台が不安定なときほど、人は土台にしがみつくものです。だからこそ、しっかりと安定した土台を提供してもらいたいのです。

良いコミュニケーションが最大の安心の源

ただし、ここで注意してもらいたいことがあります。「安心させる」ことと「放っておくこと」は違う、ということです。

「安心させてほしい」というと、すぐ「うるさいことをいわずに放っておけばいいのか」と勘違いされる親もいますが、そういうことではありません。放置が「見捨てられるのではないか」という勘ぐりと不安しかもたらさないことは、クラインのところで触れた通りです。

安心させるためには、とにかく積極的に「構う」ことです。会話を通じて、本人に関心を向け続けること。そういう関係をうまく作り上げられれば、本人も安心して、家族に心を開くことができるようになるでしょう。

良いコミュニケーションが最大の安心の源です。逆に、悪いコミュニケーションは不安の源になります。ですから、コミュニケーションのあり方を考えるということは、ひきこもりの環境調整においては、最も重要なことの一つです。この場合、互いに向き合ってする会話がすべてで、それ以外のやり取りはあまり価値がありません。メモやメール、電話などは補助にしかならないということは、今までも強調してきた通りです。

コミュニケーション＝会話＝言葉、という発想はもちろん、ラカン理論を踏まえてのものでもあります。メモやメールのように、情報量として貧しい言葉は、言葉というよりはイメージに近いものとなり、それゆえに混乱を招きやすいのです。叱咤激励の言葉も、目的がはっきりしすぎている分、やはり貧しいイメージの押しつけになりやすいところがあります。とりとめのない、その分豊かな内容をもった会話を重ねることで、家族関係に信頼と安心を取り戻すところから始めてほしいと思います。

相手の身になる

それでは、本人を安心させる会話をどのように回復するか。

会話でまず大事なことは、相互性と共感性です。会話というのはキャッチボールですから、一方的にしゃべるだけでは会話とはいえません。「しつけ」がよくないというのは、常に一方通行だからです。親は変わらないままで、子どもだけを変えようというのがしつけ的発想です。親は正しい存在だから変わる必要はない。だけど、あなたは間違っているからどんどん変わらなくてはいけない、というわけです。

しかし、こういうメッセージはまったく聞いてもらえません。相互性のあるやり取りというのは、コミュニケーションを重ねた結果として、互いに何らかの変化が起こるようなものを指しています。そこには本当の意味で相互性があるといってよいでしょう。相互性があれば、望ましい共感はおのずから導かれてきます。

共感とは、「相手の身になってみる」ということです。「ひきこもったことがないからわからない」という人もいますが、まったく同じ経験をしていなくても、共感はできるはずです。具体的にいいましょう。長くひきこもっている人の気持ちを理解しようと思ったら、あなた自身が最も孤独で、最も惨めだった時期のことをよく思い出してみるのです。そんな気持ちでいるときは、叱ったり励ましたりする言葉が、いかに心なく響くかが少しはわかるでしょう。

共感に基づいたコミュニケーションは、さまざまなアイデアの源泉です。逆に、教え導こうという発想にとどまっている限りは、なかなか良いアイデアは生まれないものです。実は、私が何よりも大事に思っているのは、家族間のやり取りから生まれてくる、独創的なアイデアなのです。

関係の基本に共感があれば、ひょっとしたら本人はこうされた方が気分が良くなるのではないかとか、もっと安心できるのではないかとか、こうしてあげればもっとくつろげるのではないかとか、そういうところからいろいろなアイデアが生まれやすくなります。家族間での独創性というものは、そういう方向性でしか出てこないと私は考えています。

会話は「あいさつ」から

そうはいっても、まったく会話がないという家庭もあるでしょう。その場合、まずは、「あいさつ」から始めてみることをお勧めします。本人と十分な関係がもてない場合でも、試みる価値のある働きかけには四つのパターンがあります。

それが「あいさつ」「誘いかけ」「お願い」「相談」です。

いずれも本人の反応を期待してやるわけではありません。四つのパターンすべてが、いわば届くかどうかわからないお祈りみたいなものです。そういうつもりで続けるからこそ、意味があるのです。

それでもやはり、あいさつだったらあいさつを返してくれること、誘いかけやお願い事だったら相手が行動してくれること、相談なら相手がちゃんと考えて返事をしてくれること、そういうことをどこか当てにしてしまいがちです。そこはしかし、ガマンしてください。実はそこはどうでもいいのです。

これらの働きかけが有効だとすれば、それはこうした働きかけのなかに含まれている言外のメッセージが有意義だからです。それは、本人に対する肯定的メッセージです。

こじれた関係のなかでは、「あなたが大事だよ」とか「あなたを愛している」といったメッセージは、まともに受け取ってもらえません。だからこそ、そうしたメッセージは、間接的な形で伝えていく必要があるのです。

例えば、あいさつを続けることで、すぐに家から自分を追い出すつもりはないという気持ちが伝わるかもしれません。笑顔であいさつすれば、「あなたがいてくれてうれしい」という気持ちが伝わるでしょう。

あるいは、誘いかけを繰り返せば、本人に「自分というのは家族にとって一緒に行動して楽しい存在なんだな、必要な存在なんだな」と感じてもらえるかもしれません。だから誘いかけというのは、口にするだけで意味があるのです。

同じように「お願い」というのは、「家族にとってあなたの能力が必要だ」というメッセージになるでしょう。相談事もそうです。「あなたの判断力や知性が必要だ」ということです。

本人に、家族から一人前として扱われることに対する喜びを感じてもらうことが目的ですから、返事がなくても構わないのです。むしろ、返事を期待すべきではありません。繰り返しますが、これらはお祈りみたいなものです。本人から反応がなくても、きっとどこかで願いは届いていると信じて、働きかけを続けてほしいのです。

誠実でわかりやすい態度を

トラップ

会話を進めるにあたって大切なことは、わかりやすい態度を貫くということです。できるだけ裏表がなく、わかりやすい態度です。水面下での戦略とか駆け引きなどがあると思われてしまうと、本人の不信感はかなり根強いものになります。治療のことも含めて、最初から手のうちは全部みせてやってほしいと思います。

もちろん私自身も本人に対して手のうちをすべてみせることにしています。家族会でも講座でも本人の参加を拒まないというのは、そのためでもあります。そういうオープンさは、信頼関係を築くうえで、非常に大切なものです。

一番わかりやすい間違いは、要するに「これ見て悟れ」という態度です。例えば食卓についたらアルバイトの求人雑誌が置いてあるとか、本人の目につくところに病院のパンフレットがさりげなく置いてあるとか、ビデオのなかにひきこもりの番組が入っているとか、そういうやり方です。

こういうのはトラップ（わな）なのです。はっきりいえば、本人を落とし込もうという「陰謀」です。そのような陰謀をはかる相手を誰が信用するでしょうか。「善かれと思って」とかは、この際関係ありません。

もちろん親が病院に通ったり、家族会に参加するなどして動いていることが伝われば、それは嫌がられることもあるでしょう。しかしあえて嫌がられそうなことも率直に話した方が信頼されるし、最終的には本人のニーズにもかなうことになります。

毒としての愛情

ひきこもっている本人は、すでに触れたように、親に対しては恨み半分、感謝と申し訳なさ半分という気持ちで揺れ動いています。これは出方によってまったく変わります。クラインのところで触れたように、二つの価値判断の間で分裂しているのです。

親が悪い親になってしまうと、本人も悪い自己を出してきます。悪い親、叱る親、しつける親、批判する親、そういう親が前面に出ているときです。親の動機は問いません。本人にとってはそういうことをする親は悪い親なのです。いかにその裏に愛情がたっぷりと仕込まれていようとも、それは毒としての愛情になります。本人にとってはその愛情に感謝するどころか、自分を迫害する悪い親にしかみえないのです。

悪い親が前面に出ているときは、本人も悪い自己を出して対抗します。悪い自己、すなわち、「生んでくれと頼んだ覚えはない」とか、「こんなふうに育てやがって」というような、そういう悪い自己を出してきます。

正論より思いやりと共感を

一方で、万事控えめにして、本人に対する思いやりと共感に基づいて接していく限りは、本人もだんだんと良い自己を出してきます。良い自己というのは、弱い自己でもあるし、それから親に対して引け目や申し訳なさを感じている自己でもあるでしょう。そういった部分がより多く出やすいような接し方をしてもらいたいのです。

もうここでは正論とか、何が正しいかとかは関係ありません。「悪い親」の主張は、むしろだいたい正しいことが多いのです。「悪い親」のいう正論は、社会的には一点の曇りもなく間違っていない正論なのです。ただ、正論をいう親が、本人にとっては悪い親だというだけの話です。

いいや、そんなことを考える本人が悪いといっても始まりません。本人を責めるというところからは、正しさはいくらでも生み出せますが、治療的発展は起こせないのです。むしろ関係は、どんどん後退してしまうでしょう。

治療を中心に考えるなら、とりあえず親の価値判断は保留にして、何が有効であるか、何が本人の良い自己を引き出すことができるかということの方を考える必要があります。ここから万事控えめに、思いやりと共感をもって接するという対応方針につながっていくわけです。

ルールと交渉

ルールとしつけの違い

それにつけても本人と両親の関係が難しいのは、どうしても密着した二者関係になりやすくて、第三者の介入を頼めない点にあるでしょう。しかし、密着したままでは自立を促すことはできません。現実に他人が家に上がり込んで何とかしてくれる、ということもなかなか期待できないでしょう。そういうことを請け負う業者みたいな人もいますが、あのような非合法的な手段はとてもお勧めできません。

なぜ第三者が必要かといえば、それは精神分析理論からも明らかです。母子の密着関係は、父親の介入を受けて距離がもたらされます。これがエディプス期に起こることで、ラカン的にいえば「去勢」です。適度な去勢のきっかけをもたらしてくれるのが、第三者なのです。

ただし、第三者は必ずしも「人間」である必要はありません。家族が他者として振る舞うことも、家族自身が第三者的な役割を担うという点では意味があります。

もう一つ、第三者的なものを導き入れる方法があります。それは「ルール」を決めることです。

何だ、と思われたでしょうか。あるいは「ルール」でいいなら、なぜ「叱咤激励」や「しつけ」はダメなのか、と疑問に感じたでしょうか。

実は、ルールとしつけは一八〇度異なった方向性をもっているのです。ルールは本人のみならず、親の行動も制約します。しつけは本人のみを縛ろうとします。もうこれだけで、大きな違いです。

例えば、本人には飲酒まかりならぬと禁止しておいて、親だけがお酒を楽しんでいたらどうなるでしょうか。そんな不公平なルールを誰が守る気になるでしょう。飲酒はダメ、と決めたら、親も率先して禁酒する。こうやって初めて本人に、「あなたも飲酒はやめてほしい」と要求できるのです。

これは言い換えれば、本人と両親との関係性に「公正さ」を導入するための手続きです。公正なルールをしっかり導入することができれば、本人もその枠組みを守らざるを得なくなります。だからこそルールは第三者的に機能するわけですし、本人と家族の関係を風通しの良いものにする力をもつのです。

「交渉」という発想

この点で私が本人と家族に求めるのは、「交渉」という発想です。

交渉というキーワードは、『「ひきこもり」だった僕から』（講談社）という大変優れた当事者本を書いた上山和樹さんが、最近よくいっている言葉です。ひきこもり当事者と家族のコミュニケーションというのは、ある意味交渉の過程であると彼はいいます。それは説得や議論ではなくて、ルールに基づいた交渉なのです。

お小遣いの額を決める場合なども、私はできるだけ交渉を重ねて、ルールとして決定してほしいと考えています。そうすることで、フェアな関係性が作り上げられていくわけですから。

お金の問題については、私は稼ぎ手である親の権限を認めるものですから、親優位の決定で構わないと思います。しかしときには、本人と交渉して決めるのもありでしょう。対等の交渉ができる相手とみなしてやり取りを重ねていくことも大事だと思います。

経済的な将来設計を！

最悪の事態を想定した保険

ただしこのとき、受容の枠組み設定は必須です。枠組みなくしては、まともな受容もできません。特に金銭面における将来設計をしっかりやっておきましょうというのは、この枠組み設定の延長線上の発想です。

親ができることには限りがあります。特にお金には限りがあります。有限のものを有限だよと早めに伝えておくことは、本人への思いやりです。それを伏せて、あいまいにぼかしながら考えさせまいとするのは、単なる逃避でしかありません。面倒くさいと思っているか、逃避しようとしているか、どちらかです。しかし、この問題から逃げるべきではないと私は思います。

人間の未来において計算できること、予測できることは本当に少ないものです。私自身、これからどういう方向に行くかは自分でもよくわかりません。もっとも、自分の将来を予測できる人など、ほとんどいないと思います。

そのなかで唯一、いくらか予測可能なのはお金です。これからどのくらいの給料が入って、どのくらいの貯金ができて、子どもにはどのくらいのお金が残せるか。その程度は、ある程度予測できるはずですし、プランも立てられるはずですが、こういうことに対しては、及び腰になる人が大変多いのです。日本の家庭では「お金」と「セックス」と「死」の話題は三大タブーといいますが、いまだにこのタブーは健在ですね。

しかし、ひきこもり対策というせっかくの機会ですから、お金に関するライフプランをしっかりと立てることには大きな意味があると思います。具体的には、現在の資産状況、借金の有無、今後の収入の見込み、生命保険、相続のプランなどについて、できるだけ具体的に概算してみることです。そういうなかから、仮に本人が働けなかった場合には、どういう形でどのくらいの期間、子どもの生活を支えられるかについて、しっかり計算しておくことが望ましいのです。

できれば、いろいろなシミュレーションもしていただきたい。もし親が病気になったらどうするか、もし万が一、親が早くに亡くなったらどうするか、そういうシミュレーションも含めて、何通りかの未来像を描いておけるわけです。

こういう不吉なことはできればまだ考えたくない。そういう心情は私もわかります。しかし、これらはいずれも、最悪の事態を想定した保険のようなものと考えてもらいたいのです。なお、ライフプランの具体的な立て方については畠中雅子さんとの共著『ひきこもりのライフプラン』（岩波ブックレット）を参照して下さい。

飢え死にを選ぶこともあり得る

最近深刻化しているのは、ひきこもりの高年齢化です。すでに現在、ひきこもったまま三〇代、四〇代を迎える人が増えつつありますが、年齢が高くなるほど、お金の問題が無視できなくなってきます。

特に経済的に逼迫《ひっぱく》してきて、それでも自分から動くことができない状態でいるひきこもりの一部の人は、しばしば心中を考えがちです。最悪の場合、「親を殺して自分も死のう」などと考える。そういう事件がここ数年だけでも、私の知る限り五件ほど報道されています。まだ表に出ないだけで、その何倍もの家族が似たような状況に置かれていることでしょう。そういう悲惨な状況、極限状況に追いつめられないためにも、お金の取り扱いをどうするかを話し合っておくことは、生き延びることを考えるうえでも大切なことです。

「追いつめられれば何とかなる」と考える人もいます。確かに、そういうこともあるでしょう。しかしその一方で、追いつめられるほど体がすくんで動けなくなる場合もあります。

ある程度、確実にいえることは、一部のひきこもりの人は、稼ぎに出るくらいだったら飢え死にする方を選ぶということが本当にあり得るということです。こちらも、すでにそういう事件が何件か報道されています。長期間ひきこもっていて餓死した状態で発見されたというニュースを記憶している人もいるでしょう。

ひきこもり生活というのは、年齢が高くなる程、そういう危険な方向に傾いていく危険性を秘めているのです。それだけに、意志やがんばりではどうにもならないお金の問題を軽くみるべきではありません。いよいよ経済的に行きづまった場合に、どのように動くべきかということについても、あらかじめシミュレーションしておくことが重要でしょう。

具体的には、どうすれば生活保護などの福祉を利用できるか、相続の場合にどういう手続きをすればいいのか、困ったときは誰に相談すればいいのかなど、そういうリアルな話を早い段階でしておくことは、直接にはひきこもりの人にとっての救済措置といえますし、間接にはそういう話題によって意欲を取り戻す人もいるでしょう。

お金ではなく自尊心の問題

家族がお金の話をためらうのは、先ほど述べたタブー意識のほかに、資産に余裕があるとわかると、それを知った本人が安心して動かなくなってしまうのではないかという恐怖感もあるかもしれません。

これはコフートのところでも述べましたが、お金があることだけでは、本人の不安感はあまり軽減しません。なぜなら本人が欲しいのは、生き延びられるだけの経済的保障だけではないからです。むしろ本人は、自尊心をどうすれば回復できるかという問題と直面していて、これはお金だけでは到底解決できない問題です。

お金の見通しを立てることのほかにも、日常のお小遣いは金額を決めてしっかり与えるなど、お金の取り扱いはとても重要です。タブーと決めつけずに、踏み込む勇気をもってもらいたいと思います。

集団適応と自発性

やりたいということはやらせてみる

集団適応支援で利用可能な場所としては、デイケアやたまり場、自助グループなどがあります。いきなりバイトを始めるよりも、同じバックグラウンドを共有する仲間と関係を作る方が、はるかに安全で確実だからです。

ただし、私の治療は、どのような場合でも基本的に「本人の自発性」を最大限に優先します。本人が自発的に希望したことは、人に迷惑がかかるようなことを除けば、常に最優先されるべきです。少しばかり非現実的であったり、危なっかしいようであっても、「実験だから」とダメもとで送り出してみるのです。

実際に始めてみると、どれだけリスクがあって失敗しそうなことであっても、本人が自発的に始めたことは結構長く続くことが多いのです。そういうなかから失敗を通じて学習もするでしょうし、さまざまな人との出会いは、コフートのところで述べたような「自己－対象」との出会いとしても、大いに機能するでしょう。

これは少し極端な例ですが、ある青年は、戦争が好きなので外国の軍隊に入りたい、という希望をもっていました。こういう場合でも、私はその動機を尊重します。「大いに結構、それでは目標の実現をめざして一緒にがんばりましょう」と。

ただし、外人部隊に入るためには、もちろん語学が必要です。そのほかにも機械の操作技術やＩＴの知識、あるいは体力などにしても、普通の人間が要求される以上の高い能力を要求されるわけです。

そこで、まずは体力作りと語学のトレーニングをしよう、ということで、彼は熱心に英会話スクールに通い始めました。ついで渡航資金を稼ぐために八百屋さんでアルバイトを始め、それは今も続いています。最近は仕事が面白くなってきたのか、もうあまり外人部隊の話はしなくなりました。

何かを捜している途中で思いがけず別のものをみつけてしまうことを、「セレンディピティ」といいます。彼らの自発性を尊重することで、そこにさまざまなセレンディピティが期待できるということ、これは経験的にも間違いのないところです。治療のなかには、こういう「ゆきあたりばったり」も必要ではないかと、私は考えています。

こういう経験があるので、私はどんな動機であっても、それが突拍子もないからといって否定するのはもったいない気がします。実現するまでの過程で得るものはとてもたくさんあるからです。その過程で出会う他者であるとか、上達や失敗の経験であるとか、そういった豊かな体験の方に開かれていく可能性を、周りの判断で抑え込むべきではないでしょう。

どんなに非現実的であっても、「ミュージシャンになりたい」「作家になりたい」、大いに結構というくらいの構えで迎えてあげた方がいいのです。いったんは認めて、その方向でいろいろ試行錯誤してもらう方が、はるかに有意義でしょう。また、だからこそ、自発性は何ものにも勝る優先事項なのです。

ラカンのところで触れた通り、常に「欲望は他者の欲望」です。もちろん意欲や自発性も欲望の一種です。ということは、自発性に基づいて動いている人は、最も本質的な意味で社会性を受け入れている、ということになります。

逆に、社会を受け入れていない人の欲望は、しばしば方向性を失った、混乱したものになりやすい。さもなければ「自分には何の欲望もない」という思い込みになってしまうか、そのいずれかです。

何もしたくないという人には……

自発性を重視するとはいっても、もちろん「何もしたくない」という人もたくさんいます。そういう人に対しては、無理に何かをさせることはできません。ただ、働きかけの方向としては、通院に向けて少しずつ誘いかけていくということと、通院が可能になったら、治療を通じてその集団参加をサポートしていくということ、この二つのみにとどめています。

どちらも本人は気乗りがしないことではあるでしょうが、ときには「通院するくらいなら習い事をする」といった別の動機が出てくることもあります。これもいってみれば「セレンディピティ」のようなものです。

これらは「何かをさせる」のではなく、「何かをしやすくする」ための土台を作っていく作業であって、決して直接的に本人に対して何らかの行為を強制する、ということにはなりません。あくまでも環境作りという位置づけになります。

集団参加のあり方

集団に参加し始めてよいことの一つは、いろいろな意味で精神的に活性化され、それとともに行動が自由になっていくことです。集団の力で親密な他者、すなわちコフートがいったような「自己－対象」との出会いが起こるわけです。その対象の能力をいろいろ取り込むなかで、より大きな社会性に開かれていく可能性が出てきます。

家にこもりながら「そろそろバイトしなきゃ」といっている人は、実際には焦るばかりでなかなか動けません。一方、すでに集団に参加しながら「そろそろバイトでもしようかな」と思いついた人は、割と簡単に動くことができます。そういうフットワークの軽さが、集団活動への参加から生まれてくるとしたら、そういう活動には意味があるといってよいでしょう。

基本的に、治療には就労支援は含まれていません。

就労支援というのは、それを望む人に対してだけ特別に用意された特殊なプログラムです。治療機関でやる場合もありますが、私はやりません。私の考えでは、就労支援というのは、ある種の価値判断の押しつけになってしまいかねないからです。治療場面では、そういった押しつけはできるだけ最小限にしておきたいという意味で、私自身は就労の話題すらも、こちらからはめったに出しません。もし就労支援を受けたいと希望する人がいれば、しかるべき機関を紹介することはしています。

そうしないと、私が普段から主張していることと矛盾を来すことになってしまいます。そういうことで本人の信頼感をそこなってしまっても損ですから、私としては「就労支援をしない」というポリシーを今後も貫いていきます。もちろん情報提供はしますが、直接的な支援はしない方針です。

ここにはもう一つ理由があって、「就労の促し」は私に限らず、家族もしてはいけないという意味も込めています。

就労した方がいいという価値観は、とっくに本人ももっています。そういう人に対して「そろそろ仕事してみたら」などというのは、野暮とかという以前に、はっきりと有害なアドバイスです。もう自明の前提になっていることはいちいちいわなくてもいいし、いうべきではないのです。

本人自身、それを口にするかどうかは別として、親が自分に働いてほしがっていることはとっくに知っています。自分も最終的には働くしかないことも、とっくにわかっています。わかっていてもあえてしない、あるいはできないということは、そこに何か事情があると考えるのが「思いやり」です。そういうデリケートな部分は、できるだけそっとしておく配慮が必要です。

働きかけのコツ

ほどほどの距離感

それでは、本人には何の働きかけもできないのでしょうか。そんなことはありません。少なくとも、押しつけにさえならなければ、親の気持ちはある程度率直に伝えたほうがよいともいえます。

ただし、適切に気持ちを伝えるには、本人との適切な距離感を保たなくてはなりません。振り回されない距離感をイメージするには、ある家族会の母親がいっていた言葉ですが、「友達のお子さんを一人預かっている」と考えるのがよいそうです。確かにそれなら、邪険には扱えないし、むやみに叱るわけにもいかないし、遠慮も生ずるし、ほどほどの距離感で接することができるでしょう。ヒントとして非常に有効だと思います。

神様にお願いをするように……

もっと過激なことをいう人もいます。私と同じ名字で斎藤学《さとる》さんという有名な精神科医がいます。「親子ですか」とかよく聞かれますが、もちろん違います。その斎藤さんは、ひきこもりというのは座敷わらしのようなものであるといっています。座敷わらし、つまり家の守り神だから、丁重に扱わなくてはいけないというのです。このスタンスは悪くないと思います。

神様に「いつまでそんなふうにしているの」とか「明日から職安に行け」とかいう

人はいないでしょう。いたら罰が当たります。神様にお願いを聞いてもらおうと思ったら、どうすべきでしょうか。そう、お祈りをします。

本人に対する働きかけは、すべてお祈りの一種であると考えてみるのも悪くありません。ご飯はお供え、小遣いはお賽銭です。「お風呂洗って」「部屋片づけて」などというのも、すべて「～してくれますように」というお祈りです。

きちんと祈れば、神様は願いを聞いてくれることもあります。逆に、もししてくれなかったとしても、それは願いが届かなかった、祈り方がまずかった、そう謙虚に考えていただく。もちろん半分くらいは冗談です。しかし、こういう発想も、風通しを良くするためには、私はありだと思います。

ひきこもっている人を通院させたいと思うときも同様です。私が勧める方針というのは、親だけが通院して、通院日の朝に、一声だけ誘いの声をかけるというものです。神様にお祈りするときに念を押す人はいません。だいたい「言いっ放し」でしょう。一声だけかけるのは、お祈りだから一声なのです。二言以上いったら、これはもう命令であり説得になるのです。神様を説得してはいけません。説得は冒瀆です。

もちろん、ここでいう神様うんぬんは、あくまでもたとえです。神様みたいに崇拝しろとかいう意味ではなくて、こういう距離感をつかむためのイメージトレーニングです。家族が少しでも他者として振る舞おうと思ったら、まず、本人を他者として扱うことが大切なのです。

第6章

ひきこもりの個人精神療法

「治る」ということは、「自由」になるということ

治療における心構え

親がカウンセラーでヘルパー役

本章では、私が普段、ひきこもりの患者さんの治療場面で、どのような点に配慮して治療を進めているかについて述べておきます。

今までの内容からもおわかりいただける通り、私の治療相談は、ひきこもりの当事者に対して、親にカウンセラー兼ヘルパー役になってもらい、私はそのスーパーバイズを行っているような構図に近いと思います。しかし、本人への配慮という点では、立場は違えど、まったく同じことです。それゆえ親にも、治療者がどのような点に気をつけているかを知ってもらうことには、十分な意味があると考えています。

この章の内容には、私が独自に工夫したものもありますが、それ以上に多くの優れた臨床家からヒントを得ています。特に引用率が高いのは、精神科医の中井久夫さんと神田橋條治さんです。「この引用はなかなかいいことをいっている、もっと深く知りたい」と思われた方は、直接原典に当たられることをお勧めします。

中井さんの文章はだいたい出版されているので、入手は比較的容易です。しかし神田橋さんの場合は、著作が比較的少ないのと、非公式なミーティングの自費出版本が多かったりするので、すべては手に入らないかもしれません。もちろん出版された著書を読むだけでも、そのエッセンスは伝わるでしょう。ひきこもりのことにはほとんど触れていませんが、お二人の著作は、ひきこもりの臨床に通じる素晴らしいアイデアの宝庫です。

治療の享楽

さて、ひきこもり治療の具体的な方法論に入る前に、治療者自身の心構えについて触れておきましょう。

基本姿勢として、私が常に心がけていることの一つが、「治療の享楽」への禁欲です。

もちろん治療は楽しいことばかりではありません。非常に苦痛を伴う場合もあるし、恐ろしい経験もするし、ジェットコースターのようにいろいろな感情を経験することもあります。しかし、苦痛を含むにもかかわらず、ある種の強烈な体験は、しばしば中毒性をもっています。この中毒の原因が「享楽」なのです。これはラカンの主張した概念です。

良い治療者になるためには、こうした治療の享楽について、十分に理解しておく必要があります。経験的にこの理解がないと、患者さんに深くかかわること自体が難しくなってしまいます。

しかし、かかわりすぎた結果として「享楽」におぼれてもいけません。治療があまりにも楽しくなったり、治療から自分の人生を切り離せなくなってしまったりという困った状況が起こり得ます。治療者は、自分は治療者という役割を演じているのだという自覚を忘れず、治療そのものから一定の距離を保っておく必要があるのです。

現状維持をめざす

さて、私は本人の治療場面では、変化より現状維持を重視することをいつも考えています。

これは「安心してひきこもれる環境（関係）作り」にも通じる考え方です。ただし、

「本人の治療」とある点に注意してください。これは一般に、家族の方は常により良い変化をめざすべきなのですが、本人に対しては性急に変化を求めない、という意味でもあります。

いつも改善のことばかり考えていると、今の状況の良いところが目に入らなくなってしまうことがあります。本人の今の状況は、しばしば、かなりの努力によって維持されていることを忘れてはいけません。

例えば、まだ仕事はできていないけれども、何とか朝は起きられているとか、不活発ではあるけれども暴力は振るっていない、などです。現状のなかにも良い部分は必ずあるわけですから、ときにはその点を評価してあげることも忘れないでほしいのです。

よほどひどい場合は別として、ある程度安定しているときは、「基本は現状維持」という考え方の方が、うまくいくことが多いと思います。

ここには、ひたすら現状維持をめざしていると、意図せざる良い変化が勝手に起こるという含みもあります。むしろ変化の方向づけを意図的にしすぎると、かえって抵抗が生じてうまくいかない場合もあるのです。現状維持を積極的に評価することは、逆説的ですが、変化を呼び起こす一つのきっかけになり得ます。

もちろんこの発想は、家庭内にも活かされ得るでしょう。また、現状維持を重視するということは、「賭け」と「冒険」をできるだけしない、ということでもあります。どっちつかずのことに関しては現状維持、迷ったときは現状維持、というのが、私の方針です。

まず害をなさないこと

「速く」「確実に」「完璧に」といった評価は、精神療法にはあまりふさわしくありません。そういう価値を追求しすぎると、精神療法における微妙なニュアンスが損なわれてしまい、非常にぎすぎすした治療になりやすいからです。親としてはできるだけ速やかに問題を解決してほしいと思うのは当然ですが、ひきこもりの治療は、どんなに順調でも二年から三年はかかります。人間は促成栽培はできません。

治療には、あえて時間をかけるという発想も必要です。時薬《ときぐすり》という言葉がありますが、病気は放っておいても治る場合があります。治療しやすい条件だけを作って、後は時間の作用と自然治癒の力に任せてみるのも一案です。

もちろん、これは決して放置を勧めているわけではないのですが、治療には緩急があって、ときにはひたすら待つだけの時間もあり得るし、そういうときはむずむずするのをこらえて耐えることも必要なのだということをいいたいのです。

それでは消極的すぎると感じる人もいるでしょう。あるいは、もっと攻めの姿勢で治療をしてほしいという人も。

しかし、医療における基本ルールは、「まず害をなさないこと」です。これはヒポクラテスの言葉です。中国にも、病人に何もしないことは、中ぐらいの医者にかかるのと同じことだという、なかなか皮肉なことわざがあるそうです。要するに、しない方がましな治療もあるということです。

治療における「賭け」や「冒険」は、一歩間違うと「害」になるので要注意です。治療行為に依存しすぎる治療者も、しばしば「有害」なことがあります。迷ったときの指針としても、この基本ルールは、今なお有効なものです。

「集団」と「連携」のもつ力

私の治療相談では、デイケアや作業所などにおける、集団力動の作用をほぼ必須のものとしています。これはひきこもりの治療において、一対一の面接の力を過信しないという姿勢にもつながります。

言い換えるなら、個人精神療法は、本人が家族から離れて何らかの集団の場に移動するまでを支える一時的なものと位置づけています。診察室のなかで治療が完結することは、ひきこもりに関してはあり得ません。治療の目的が社会参加である以上、これは当然のことです（いうまでもありませんが、「社会参加しないで生き延びる工夫をする」という形の「社会参加」もあります）。

集団のもつ作用は、理想的に発揮されれば、ときには個人精神療法の力が及ばないような効果を発揮します。

例えば親密な人間関係、友達でも彼氏彼女でもいいのですが、そういう関係を経験することは、自信を回復するうえで大きな力になります。これはコフートの章で述べた通りです。

　ひきこもり事例にとって、この種の経験のもつ力は、しばしば凡百の治療者の到底及ぶところではありません。ひきこもりの人は病理は軽い人が多いので、しばしば治療よりも、実体験の影響を大きく受けるからです。だとすれば、どうしたら経験のなかに入っていけるかが重要になります。私たちの仕事は、その抵抗をできるだけ少なくすることです。

　どのような治療も、人間の意欲を直接に高めることはできません。本来ひきこもりの若者たちは、我慢強いしエネルギーももっています。だからこそ、激励や鍛錬でどうにかしようという発想は、失敗しやすいのです。むしろ意欲の妨げになっているさまざまな精神症状を改善したり、意欲を発揮しやすい環境調整をしたりして、意欲の発揮を手助けすることが治療本来の目的です。

　治療者は、個人精神療法で完結してしまわないためにも、家族や関係者への介入、あるいは臨床心理士や精神保健福祉士（ＰＳＷ）、あるいは民間ＮＰＯ団体などとの連携をできるだけ積極的に行うことも必要です。

　こういうことに消極的な治療者が多い印象があるのであえて書きます。ひきこもりの社会参加をめざすなら、一人の治療者にできることはあまりにも限られています。十分なひきこもり対応を心がけるには、それぞれの分野の複数の専門家が、連携しつつかかわる必要がどうしても出てきます。

これは言い換えると、治療の成果を独占しないということでもあります。これは先に述べた「治療の享楽」にもつながりますが、治療者もどこかで「この人は自分の力で治したんだ」と思いたいところがあります。しかし、そのような欲望はできるだけ抑えなければなりません。

治療者はカリスマになってはいけないのです。カリスマによって救われた人は、ある意味で不幸ともいえます。なぜならカリスマは取り替えがきかないからです。

むしろ治療者にとって大切なのは、どちらかといえば「互換性」です。転勤や退職などの事情から治療者が交替するのはよくあることですが、ここで患者さんに「あの先生じゃないと私はダメなんです」といわせてしまったら、それは治療者として敗北なのです。治療においても重視される「一期一会」という言葉が、「別離」を前提にしていることを忘れるべきではありません。

「治療美談」を求めない

忘れられることが治療者の理想

カリスマ志向のもう一つの問題は、ドラマ志向ということにあります。西丸四方《にしまるしほう》さんという精神科医が、「治療美談」という言葉を残しています。これは、誰かの献身的な努力や奇跡的なきっかけでドラマティックな改善が起こった、という「物語」を指す言葉です。

もちろん、そういう経緯でうまくいった人をおとしめるつもりは毛頭ありませんし、そういうことに希望をもつことを否定したいわけではありません。しかし、治療にそういう物語ばかりを求めることは、やはり間違いです。

みなさんも「治療者がこんな素晴らしい言葉をいってくれたので私は目覚めました」とか、「こういう素晴らしい経験をしたので生活が劇的に変わりました」という美談を聞いたり読んだりしたことがあると思います。そういう「物語」の誘惑は、実は治療者側にもあることが多いのです。

しかし、治療とは本来、もっと地道で地を這うような営みが九九%を占めているものです。治療者も家族も、その地道さに耐える気構えがなくては、少なくともひきこもりの「治療」はできません。

もちろん治療者自身にも、格言志向や名人芸志向があります。こういったものは治療者のナルシシズムとか功名心でしかありません。同じ意味で、治療者自身のカリスマ化や神格化願望も「危険物」です。

むしろ治療者の役割としての理想は、治療が進むと同時に、だんだん存在が希薄になっていくことでしょう。極論すれば、最終的には忘れられてしまうのが理想であるように思います。

外科や内科の治療とは異なり、治療とその結果との因果関係が時間的に離れすぎているせいもあって、心にかかわる治療者は、劇的に感謝されたり、命の恩人のように思われることはそれほど多くありません。良い後味とともに忘れられてしまうのが望ましいあり方で、強く感謝されたり褒められたりしているうちはまだまだ、という考え方もあります。これには異論もあるでしょうが、少なくとも私は、できるだけそのように心がけているつもりです。

治療の楽屋裏がみえるように

それゆえ、治療で私が重視するのは、劇的な覚醒よりは淡々とした洞察、いわば「シラケ」による洞察です。「気がついたら変わっていた」とか「こんなもので良かったのか」という感想が伴えば、なお素晴らしいと考えています。少なくとも、こういう形で起こる変化の方が、確実に長持ちします。

「治る」ということは、何もスーパーマンになることではありません。たとえ治療が必要なくなっても、日常の葛藤や苦しみがすっかり消えるわけではありません。ただ、治る前よりは自由に行動できたり、「楽しむ」機会が増えたり、葛藤ともそれなりに付き合っていけるような余裕感が生まれてくるはずです。「まあこれはこれで、悪くないな」と思えたら、治療としては成功したと、私は考えています。

逆に、患者が治療者に依存しすぎることにはあまり賛成できません。かつては「黙っておれについてこい」「由らしむべし、知らしむべからず」といったパターナリズムが主流でしたが、今はそういう姿勢は流行りません。それどころか厳しく批判されてしまうこともあります。

その意味で、治療者の側には、処方の内容や検査の結果、ときにはカルテ開示なども含めた情報公開や、ほかの治療者・治療技法の選択に、積極的に協力する姿勢が大切になってきます。先とは逆の「由らしむべからず、知らしむべし」という発想です。

もっとも、これもゆきすぎると、いろいろな治療法をカードみたいに広げてみせて「さあどれにしますか、自己責任でどうぞ」というような話になってしまいます。専門家なら「私はこれがいいと思う」くらいのことは言い添えておくべきでしょう。「私はこれがいいと思うけれども、でもあなたにも選択したり拒否したりする自由はありますよ」というくらいの姿勢が望ましいと思います。

治療方針をその都度話し合い、その都度方向を選択しながら治療を進めることが望ましいのです。本人の選択と拒否の自由を尊重しながら、対話と交渉を進めていくという点で、この視点は、親の対応にも応用が利きます。

治療者も家族も手のうちをみせましょうということを、私は一貫して主張してきました。本人には知らせずに水面下でいろいろ画策したり、ここは隠しておこう、いわずにおこうなど、そういう発想がすでにカリスマ志向に通じています。つまり「知らしむべからず、由らしむべし」の発想です。

もちろん、それでうまくいく場合もあります。しかし、治療のグローバルな流れは、そういう時代の終わりを告げています。あいまいで権威的な専門家主義では説得されない人々が増えています。治療方法を選ぶにも、きちんと根拠が問われる時代になりつつあるのです。

しかしこれは、ある意味で好機でもあるのです。「公正さ」の感覚を大切にしたいと考えている治療者にとっては、患者が医師の説明を熱心に聞いてくれる喜ばしい時代になったともいえます。病の原因を自覚しながらもますます病む人々が増加する時代とは、治療の楽屋裏がみえている方が治りやすい時代でもあるでしょう。

「欠点」と「自己愛」を大切に

短所を長所とみる

患者さんの自発性を尊重するということは、単なるきれいごとではありません。こういう視点から、さまざまな治療のヒントが得られます。

例えば神田橋條治さんは、「事態の原因の探索は後回しにして、『患者なりの対処法』と『事態の成り行き』と『未来の患者への期待像』とをまず問うのが、病状究明における定石」であるとしています。

「何でこういう困った状況になったのだろう」ということを、はじめから詮索ばかりしていてもあまり意味がありません。原因を究明しようにも、ひきこもりの場合、いくつかのきっかけはみつかるかもしれませんが、「これだけが原因」というのはなかなか見当たりません。あまり考えすぎると、結果的に「家族のせいだ」と思い込むか、「おれがダメな人間だから」と自責的になるかのどちらかです。いずれも堂々巡りになりやすい発想です。

多くの場合、ひきこもり状態はいろいろな要因が複合した結果なので、誰か一人が犯人とか、この事件だけが犯人、ということはなかなかいえません。不毛かもしれない原因究明に一生懸命になるより、「この困った状況に対してどんなふうに対処しようと試みましたか」「その結果どうなりましたか」「これからどういうふうになりたいと思いますか」などといった方面からのアプローチを試みる方がよいのです。

神田橋さんによれば、患者さんのなかにある、一見「欠点」と思われるような部分にすら、立ち直りのヒントが隠されている、ということになります。

「患者が立ち直っていく力の主要部分は、病状を際立たせている部分、例えば厄介さを作っている要素にしかない」。こういう逆説の発想から神田橋さんは、病気に「○○能力」という言葉をつけてみましょうと提案しています。

人を責めてばかりいる人に対しては「批判能力が高い」と考え、拒食症の患者さんに対しては「断食能力が高い」と考えてみるのです。もちろんひきこもりの人に対しては「ひきこもり能力」が高いと考えることになります。これは一見、言葉遊びにみえるかもしれませんが、そうではありません。

例えばひきこもっている人は、一般の若者に比べてコミュニケーションには自信がない代わりに、非常に我慢強いことがよくあります。何の娯楽もなくても、お金を使わなくても、お酒やドラッグに走らなくても、ときにはひもじくても粗食でしのげるくらい、彼らは我慢強いのです。

そういう能力を一概に否定してしまうことは、その人の生きるよすがを否定してしまうことです。むしろ、そういう能力を、どんな形で社会生活に活かせるかを考える方がよいでしょう。

私の経験でも、ひきこもっている人が一念発起して就労した場合には、驚くほどの粘り強さを発揮することがよくあります。強制やお仕着せではこうはいきません。自発的にみつけてきた仕事であれば、通常の若者だったら逃げ出すような過酷な条件であっても、長期間勤められる人が少なくありません。

「自己愛の病理」は単なる悪口

短所を長所としてみる、ということに関連していえば、もう一つ大事なことがあります。私はひきこもり事例の「自己愛の病理」に注目しすぎないことが大切だと考えています。

ひきこもっている人は、一見したところ非常にわがままで、自己愛的にみえます。プライドがすごく高くて、周りから支援の手を差し伸べようとしても、全部はねのけるのです。「おれはそんな病人ではない」とか、「おれを気違いと一緒にするのか」とか、そういう激しい言葉で拒絶することが多いのです。こういう目にばかり遭っていると、専門家ですら「ひきこもりは自己愛の病理です」とついいいたくなってしまいます。

あえて断言しましょう。「自己愛の病理」という言葉は、専門用語による非難の言葉です。要するに、単なる悪口です。残念ながら、この言葉が最もよく使われているのは、治療者が患者に対して、何らかの「嫌な感じ」をもっているときのように思います。

ですから私は、「自己愛の病理」という言葉をできるだけ使わないように自戒しています。単なる悪口をいっているだけなのに、そのことに自分でも気づかないような愚かしさは避けたいと思うからです。

ついでにいえば、同じような「悪口」に、「人格障害」という言葉があります。「人格障害」は、「精神病ではないが治療に抵抗する困った患者」という意味で使われていることが一番多いようです。それゆえ「診断」というよりは「治療関係」のありようを知るうえでは便利な言葉です（皮肉です）。これも、あまり乱用することは避けたい言葉の一つです。

カウンセリングの影響力

コフートの章で詳しく述べたことですが、ひきこもりの人にとって、プライドは極めて重要なものです。自信がない人はプライドにしがみつくしかありません。そういう人に対して、「おまえはプライドが高い」と断定することは、生きるよりどころを破壊する行為に等しいのです。

どんなに間違った信念でも、それを治療者が頭ごなしに否定することは許されません。せいぜい感想を聞かれたら「僕はあなたの意見に同意はできないけれど、あなたの意見も尊重したいと思う」と答えるところまでは許されるでしょう。

ここでも神田橋さんの言葉を紹介します。「長年にわたって支えとなり熟成されてきた自己の価値観・理念を、対話精神療法のなかで崩されたために、人としての矜持《きょうじ》を喪失したかにみえる人を、医原症と呼ばれる一群の患者たちのなかに見いだすことが、まれではない」。これは痛烈な一言です。精神療法家に対しては非常に痛い言葉——私も思い当たることがないとはいえない言葉ではあるわけです。

つまり治療場面で、患者さんがやっていることが病理的な行動であったり、間違った対処法であったり、どうしても治療者にはそうとしかみえなかったとします。だとしても、そこをいきなり批判したり否定したりすることは、結局その人がよりどころにしてきた人生の柱を根こそぎにしてしまうことになってしまうということです。

その結果、治療にべったり依存したり、自分のプライドをなくしてしまったり、人格が部分的に壊れてしまうような、そういう影響をカウンセリングはもたらすことがあるのです。このことを、ぜひみなさんには知ってもらいたいと思います。

人間の精神に一番影響を及ぼすことをできるのは精神療法で、その次が薬物です。その分精神療法の「破壊力」は薬物療法の比ではありません。マインドコントロールの一部は精神療法の応用であることを思い出しておきましょう。

そこまでひどくはないにしても、長年精神カウンセリングを受け続けた結果、コミュニケーションのパターンまで変わってしまった人は結構います。一般には精神療法は副作用がないから安全で、薬物は副作用があるから危険と思われがちですが、これは典型的な誤解です。

何年間もカウンセリングを受けた人は、薬物治療以上に精神療法の影響を良くも悪くも受けてしまいます。ですから、一概にカウンセリングを、誰に対してもお勧めとはいえません。

精神療法は、どぎつい言い方をすれば、うんと薄められてうんと時間をかけた洗脳という側面をもっています。私がしきりに治療者の互換性を強調したり、「最終的に忘れられるのが一番いい」などといっているのは、精神療法家の影響の大きさに対する自戒という意味もあってのことです。

「転移」について

生活を犠牲にして奉仕するのは間違い

精神療法の影響についていえば、みなさんも「転移」という言葉は聞いたことがあると思います。これは治療場面でよく生じる感情で、一番典型的なのは、治療者に対する恋愛感情のようなものです。あるいは極端な崇拝感情などもそうです。ちなみにこの感情は治療に限らず、師弟関係などでも生じます。

精神分析は転移を利用して、それを解釈したり徹底操作することで、いわば治療の道具のように利用します。とりわけ経験の浅い治療者が、異性の患者さんから転移を起こされてしまって困惑する、というのはよくある話です。もちろんそういう場合でも、治療関係は恋人関係や友達関係とは違うから意味があるのだ、ということをいろいろな形で説明しつつ、患者さんの理解と洞察を促していくわけです。

転移の操作は、精神分析のなかでも最も中心的な技法で、ここでそれを具体的に詳しく解説する余裕はありません。しかし、患者さんからの強い感情に巻き込まれすぎないようにするためには、治療者には一定の倫理観と節度が必要になります。

転移感情に巻き込まれすぎず、冷静に対処するためには、治療者側の余裕感やプライバシーが極めて重要になります。フロム・ライヒマンがいったことですが、「精神療法家は、まず自分の生活を充実した幸福なものにしておくように心がけるべきである。それはクライアントに対する責任である」ということです。逆にいうと、自分の生活を全部犠牲にしてクライアントに奉仕するという生活は、一般的にはお勧めできないということです。

なかには「夜回り先生」のように、非常に希有な才能と体力と資質に恵まれた方もいますが、これはある種の天才に許されたことであって、誰にでもできるものではないから美談になるわけです。私のように凡庸な治療者は、とりあえずプライベートと治療のモードを使い分けなくては、まず自分がもちません。

ひきこもりのように長期間、時間のかかる治療に関して大事なことは、持続可能性だと思います。一時的にがんばりすぎて治療者が病気になってしまったり倒れてしまったりしたら、持続可能性が途切れてしまい、結果的に責任を果たせないことになってしまいます。だからこそ治療者は、普段から精神的にも体力的にも健康を心がけることが大変重要なのです。

これは家族も同様です。ひきこもりの子どもを支える家族自身のプライベート――家族のプライベートとは変な言い方ですが――親自身も自分だけの楽しみとか、そういった意味でのプライベートの領域を充実させておかなければ、どんどん余裕がなくなっていってしまうでしょう。

逆転移感情

転移感情に巻き込まれると、治療者の内部にもいろいろな感情が湧き起こってきます。これを「逆転移感情」といいます。逆転移感情は、治療者自身が患者さんに対して抱《いだ》くいろいろな感情です。嫌悪感をもったり、好意をもったり、恋愛感情をもったりと、治療者も人間ですから、さまざまな感情が起こってくるでしょう。そういう感情を、もう一人の自分が冷静にモニターしている状況を作り出さなければなりません。

巻き込まれすぎてモニターも難しいときは、必ず第三者に相談することです。同僚や上級医に相談して、抱え込まないようにする。抱え込みすぎもまずい徴候です。

「自分しかこの問題には対処できない」「自分がいなかったらこの患者はどうなる」などと考え始めたら、それは転移のとりこになっている証拠です。

厳しい見方をすれば、これは治療の成果を独占したいという欲望から出てくる感情でもあります。治療の成果を自分だけの手柄にしたいという思いがあると、「自分がいなかったらこの患者は」という発想にとらわれてしまいます。そのような関係がこじれたら、場合によっては治療者を交替する必要も出てきます。ほかの治療者との連携は、この点からも重要です。治療者は孤独であってはいけません。もちろん、家族もそうです。

一般に、観察する人は関係できないし、関係する人は観察できないという限界があります。精神分析が発明した転移という言葉は、関係そのものを観察するということを可能にする、ほぼ唯一の視点です。転移関係そのものを別の視点から眺め、解釈し、介入する、これが治療においては欠かせないとフロイトは考えました。この点の業績だけでも、フロイトは本当に天才的だったといえるでしょう。

人間関係そのものが治療の道具であるような精神療法の場面では、治療者がかかわりながら観察するという、アクロバティックなことをやっていかなくてはなりません。

かかわりながら観察し、観察しながらかかわることを可能にする一つの方法が、この転移を自覚することです。転移関係を自覚しながら治療を進めていくことが大事なのは、このためです。

「意外性」の効能

少し精神療法の悪い面、怖い面ばかりを強調しすぎたかもしれません。しかし簡単に考えてください。その治療を受けた結果として、心がより解放されて伸び伸びと自由になっていれば、それは良い治療である、と。逆に、気持ちは楽になったけれども、何か窮屈で考え方が狭くなるようであれば、それは問題かもしれない、と。

「治る」ということを、私は「自由になること」と考えています。洗脳との一番の違いはこの部分でしょうか。何かの信念や価値観を信じ込むことで得られる解放感もあるでしょうが、私がいう「自由」は、そういう制約がより少ない状態を意味しています。

そのように心が解放されるためには、治療における「快い意外性」が大切になってきます。これはアイデアと言い換えてもいいでしょう。治療というのは、そういうアイデアを一緒にみつけていくような側面も少しあります。

治療者、患者、家族のそれぞれが協力し合って、今までになかった新しい発想をみつけだし、あるいは工夫して作り出していくこと。「型にはめる」「方向づけをする」とは少し違った治療のあり方です。

「意外性」というのは、しばしば「逆説」です。例えば、吃音《きつおん》で非常に悩んでいる人がいます。一部ではありますが、軽度の吃音に関しては、わざとどもろうとすることで改善することがあります。そのような発想の転換のことです。あるいは手を何度も洗うような強迫行為にしても、「できるだけ念入りに洗ってみよう」「限界まで洗ってみよう」と考え方を一八〇度転換することで、症状が軽減されることがあります。

あるいは、リフレーミングという技法もあります。ある本で読みましたが、家で暴れて包丁を持ち出した息子に、お父さんが「なかなか包丁さばきがうまい」といったら、息子がその言葉を覚えていて後に板前になったというエピソードがありました。フレームを変える、ものの見方を変えることで、発想の転換ができた例です。まったく違う角度からその物事を評価してみせると、思いがけない展開が起こることがあるのです。

こういう、ちょっと芝居がかったやり方は私の資質には合いませんが、そういう発想もありだということも知っていると、そのうち役に立つことがあるかもしれません。理論や知識を知る意味は、神田橋さん風にいえば、「頭のなかを複雑にしておく」役に立つからです。豊かなアイデアは、しばしば複雑な内面の産物でもあります。

「誘惑」のために

治療への誘惑

ここまでは、治療者の基本姿勢について述べてきました。これからは具体的な治療の手順について説明します。

まず、治療への導入についてです。長くひきこもっていた人が、最初の面接のためにやって来た場合、どのような形で治療へと「誘惑」すべきでしょうか。

そう、これは「治療しておいた方がいいですよ」という誘惑なのです。ここでまず注意すべきは、治療者が本人の抱いている「負の期待」を実現してしまわないようにすることです。

最初、本人は治療に対して強い不安を抱いていることが多くあります。「怠け者と叱られるんじゃないか」「軽蔑《けいべつ》されてしまうのではないか」「強制的に入院させられるのではないか」などです。

ですから、最初からパターナリスティックにお説教じみたことをいってしまったり、中立性を強調しすぎて突き放された感じを与えてしまってはいけません。こうした態度は先ほど述べた本人の不安を実現することになり、「やっぱり治療者も味方してくれないのか」という失望感を与えてしまいます。この辺り、言葉の微妙なさじ加減が問われるところです。

理想的には、良い意味で意外性のある態度、「おや？　何か予想と違うぞ」と感じてもらえるような面接が望ましいのです。

初回面接の注意点

まずは初回面接です。私はよく、家族に一緒に入ってもらうことにしています。本人との信頼関係を大切にする意味で、家族とは別に面接をするべきという意見もありますが、私はあえて同席を勧めます。

いくつか理由はありますが、最初の面接であまり急速に関係が深まりすぎてはまずいということが第一点。それから、家族関係をみておきたいからです。同席面接をすると、座る位置や本人の家族に対する態度まで、関係のあり方を知るヒントがたくさん得られます。本人が委縮してしまって話せない、あるいは家族への拒否が強い、などの場合には、その後で家族に出てもらい、本人との一対一の面接をするようにしています。

初回面接では、あまり最初から何もかも聞き出さないということも大切です。面接は尋問ではありませんから、情報を聞き出すことを主目的とすべきではありません。見方を変えれば、「何をしゃべりたくないか」を知ることも一つの情報です。個人情報は、時間をかけて関係性の深まりとともにゆっくりと知るものです。少なくとも、普通の人間関係はそうなっています。

治療関係のように、関係が深まっていないのに情報だけたくさんあるという状態は、やむを得ないこととはいえ、かなり不自然です。信頼関係のもとで話された内容と、いやいや話した内容とでは、印象がまったく異なることもあります。せめて最初の段階では、あまり根掘り葉掘り聞かないのが私の方針です。むしろ「いいたくないことは、今日は抑えておきましょう」と促すことすらあります。

話を聞く場合は、姿勢や態度も重要な要素です。ひきこもっている人は視線に対して敏感なことが多いので、正面からじっと見据えるような目線は好ましくありません。座り方にしても、直角に座るとか横並びに座るとか、視線が交わりにくい方向で座るのが望ましいのです。

このように、視線の置き所には、常に配慮すべきです。患者さんの顔をみる場合でも、直接目をみることはしないで、ほほや口元のあたりをみながら話すことが望ましいでしょう。欧米人はわかりませんが、日本人の場合、視線はしばしば攻撃性の表現と受け取られがちですから。

誘惑の言葉

本人を治療に導く際に、どのような言葉をかけるべきでしょうか。もちろんケースバイケースの問題ではあるので、ゆきすぎた一般化はできません。ただ、私はだいたい次のような言葉で治療へと誘惑するようにしています。

「私は治療者として、仕事に就くことが無条件に良いことであるとも考えていないし、ひきこもりが無条件に悪であるとも、まして病気であるとも考えていません。ですから、あなたの状態が病気かどうかの判断については迷うところも大きいし、まだよくわかりません。少なくとも、あなたにこちらの価値観を押しつけたり、治療を強制したりするつもりはありません。

ただ、あなたのご両親が困って相談に通っていることから推測するに、あなたも悩んだり困ったりしている可能性はないでしょうか。

また、あなた自身が自分の悩みや苦しみを誰にも相談できずにいるうちに、あなた自身もそういう苦しみをないことにしようとしているかもしれないと考えてみました。もしそうであるなら、私は治療者という立場から、問題解決のために何らかの協力ができるかもしれません。例えば、あなたが家族の無理解やあなたへの態度に悩まされているのなら、まず家族の方から変わるように変化を促していくこともできます。そうした協力を通じて、あなたが家庭で、少しでもくつろいで楽しく過ごせるようになるのなら、治療も無駄ではないかもしれません」

もちろん、必ずしもこの通りにいうわけではありませんが、おおむねこういう趣旨のことを初回面接では話して、とにかく警戒を解いてもらう必要があります。自分から進んで来た場合は別として、親に説得されてしぶしぶ連れてこられた当事者は、いってみれば敵地に乗り込んだ心境でいるはずです。ならば、「敵地と思っていたら意外にも味方がいてくれてホッとした」くらいに感じてもらう方がいいでしょう。

本人の味方になることも

私は治療者としては、できるかぎり「中立」をめざしたいのですが、それをわかってもらうのは至難の業です。ならば最初のうちは、とにかく「こっちの味方」と感じてもらう方がいいのです。その意味で、ときにはわかりやすい対立関係を作った方が治療につながりやすい場合もあります。

例えば、「家族」対「本人」という対立はよくある図式ですが、これをあえて受け入れ、治療者は本人の味方であるということを強調しなくてはなりません。

私はときとして、本人から家族へのいろいろな不満を聞いたうえで、その事実関係を確認し、本人の前で家族を批判することがあります。これは本人の信頼感を補強するうえで、しばしば効果があるからです。「敵の敵は味方」というわけです。家族は少し不愉快でしょうが、ここは一つの戦略ということで我慢してもらいたいのです。
もちろんこれは、「敵対関係」がはっきりしている場合で、いつでもこういうやり方をとるわけではありません。しかし、やっとの思いで病院まで来てくれた本人に、次回もまた来てやろうという気持ちを持ち帰ってもらうためには、多少は芝居がかった態度もあっていいと考えています。

面接で何を尋ねるか、という話題の選択も重要です。拒食症の患者さんにいきなり「ちゃんとご飯を食べているのか」などと尋ねたら、「二度と来るか」という気分にさせてしまうでしょう。

同じように、ひきこもっている人に対して、最初から「外出はしないのか」「なぜ人付き合いをしないのか」「仕事に就く気はないのか」といった、本人が一番気にしているであろう話題をいきなりぶつけるべきではありません。

むしろ、体調や睡眠、食欲の具合、あるいは趣味などを話題にしながら話を進めていくと、ひきこもり状況についてはだいたい理解できるものです。そういう配慮も信頼関係を築くうえでは大切です。

「一体感」から「試行錯誤」へ

「しゃべらされている」という感覚

いったん信頼関係が生まれて、やり取りがスムーズになってくると、コミュニケーションにおいても一体感のようなものが生まれてきます。少しオカルト的なことをいうようですが、自分の言葉が相手にちゃんと届いたかどうか、高い確率でわかるようになってきます。

さらに関係が深まってくると、面接の場面で話していることが、だんだん「相手からしゃべらされている」という感じになってきます。こういうと、何か操られている感じにとられるかもしれませんが、そうではありません。

もちろん私が話す内容は、私が自ら選んだ話題であり、それは本人の予想を超えた内容を含んでいますから、「操られる」こととは違います。にもかかわらず、その瞬間においては「この話題を話すしかない」という、ある種の受け身の感覚が生じているのです。自由に話しているのに、「これしかない」という必然性の感覚、実はこういう感覚は、治療が一番スムーズに進行している場合に生ずるものです。

熟練のドライバーや外科医などの話を聞くと、ときどきそういう感覚、「フロー体験」というそうですが、そういう瞬間があるらしいです。野球のバッターならボールがとまってみえ、ドライバーなら行くべきコースがはっきりみえるという感じでしょうか。伸び伸びと自在に活動していながら、これしかないという感じも同時にある。こういうことが精神科の面接でも起こり得るのです。

断っておきますが、精神療法においては、この感覚が最上のものではありません。これは別に名人芸ではなくて、ちょっと熱心な臨床家なら、だいたい臨床経験三年目くらいで経験済みのはずです。

こういう感覚は、逆に家族間では生じにくいものかもしれません。いろいろな理由が考えられますが、一つは距離が近すぎるということがあるでしょう。先に「一体感」と表現しましたが、これはあくまでも「言葉を介した一体感」のことで、これは「程よい距離」なしには実現しません。

この辺りの技術を磨くには、もちろん相手に断ってからですが、面接を録音させてもらうのも一つの方法です。どうもこの人は苦手だと思う人について、その理由がうまく説明できない場合、面接の録音をして繰り返し聞いてみると、どのようなところでコミュニケーションがつまずいているかがみえてくる場合があります。それがみえたからといって苦手がすぐに得意になるわけではありませんが、少なくともその理由がわかることで、次のステップに進みやすくなるでしょう。

ぎくしゃく感

「一体感」が最高のものではない、と述べましたが、より高度なテクニックとして、わざと「ぎくしゃく感」を持ち込むことがあります。前にも述べたことですが、「手のうちを明かす」こともその一つです。

神田橋さんのアドバイスでも、治療者が何かの理論を勉強して、それにぴったりの患者さんがいて応用したいと思うときに、「この間こういう理論を読んで勉強したんだけれども、あなたにも当てはまるのではないですか?」「こういう本を読んであなたに当てはまる気がするので、それをやってみようと思うけれども、構いませんか?」ということをきちんと示してから、その技法を試みてみる、ということがあります。

これは相手に選択と拒否の自由を与えるということでもありますが、もう一つ別の意味があります。

治療者の側が、生煮えの技術をいかにも熟練のようにやると、どうしてもぎくしゃくしてきます。このぎくしゃくさを埋めるときには、知らないことを素直にいった方が早くスムーズにできるようになるのです。こういう言い方をすることで、治療者の側も鍛えられてくるという意味があるので、手のうちを明かすことは双方にとって利益があるということです。

精神療法は試行錯誤の連続

これに限らず、精神療法は試行錯誤の連続です。これは決して「ゆきあたりばったり」ということではありません。だいたいの方向はわかっていても、それでも折に触れて「右に行くか左に行くか」という分岐点にさしかかることがあるものです。そのような場合には、「とりあえずやってみることにして、ただしいつでも中止できること」というのが基本姿勢になります。

やってみてダメなら、もう一度もとに戻って、そこからやり直してみる。治療には、そういう試行錯誤の連続という面があることを強調しておきます。

これは、本人が何かやりたいことをみつけた場合に、「これは実験だから、ダメでもともとなんだ。だから失敗してもあまりがっかりしないで、次に活かせばいい」ということを強調しながら、やりたいようにさせてみるという発想にもつながります。

人を動かすということ

ひきこもっている人をみていると、誰でも一度は考えます。「いったいこの人は、どうすれば動いてくれるんだろう」と。こう考えているとき、その人には、ひきこもっている人の葛藤がみえなくなっています。動きたくても動けずに、必死でもがいているような心のうちが。

では、人を動かす確実な方法があるでしょうか。神田橋條治さんは、面白い言葉を紹介しています。「してみせず、説いて聞かせて、させてみて、けちをつけては、人は育たぬ」。これは何のパロディかおわかりでしょう。山本五十六がいった「やってみて、説いて聞かせて、させてみて、褒めてやらねば人は動かじ」。部下を動かすときの心得ですが、まさにひきこもりの人に対しても部分的に応用の利くところではあります。あくまでも部分的に、ですが。

特に「やってみて」というところは重要です。何かをしてほしい、例えば病院に行ってほしいと思ったら、まず親が率先して通院してみせ、そこに誘い込んでいく必要があります。やってみせることには、行動の手本を示す意味と、親がそれなりに犠牲を払うという意味とがあります。

多くの場合はこの逆で、やらずにお説教と促しだけをして、結果に対してはけちをつけるというコミュニケーションがなされがちです。これでは本人も動きようがありません。

逆にいえば、何かをさせようと思う場合は、「やってみせながら誘う」か「お願い」してみるか、そのいずれかしかありません。命令はもちろん、説得も議論もダメです。みえすいた「おだて」ももちろん無効です。褒めるのが有効なのは、「がんばっているのに報われない」と感じている人に対してであって、「がんばりたくてもがんばれない」人には、嫌味や子どもだましにとられてしまいます。

少し余談ですが、「褒める」ということに関連していえば、たとえ褒めるニュアンスであっても、若い患者の外見に触れることは、治療者としてはタブーです。どこに地雷があるかわからないからです。

外見の評価は、たとえ求められても言わぬが花です。外見については、褒められても傷つくのが思春期の心だからです。「かわいい」とか「ハンサム」という言葉は、意外なほど多様な受けとめられ方をするものです。その効果が予測できるほど熟練の治療者でない限り、これはタブーといっていいでしょう。これについては、実は家族も例外ではありません。

おわりに

この章には、何やら抽象的で雑多なことがいっぱい書いてあって、混乱してしまった方もいるかもしれません。中井さんも神田橋さんも、それぞれが精神病理学や精神分析の理論を血肉化し、日本人の臨床家向けに咀嚼《そしやく》したアイデアをたくさん出されている方です。実際に治療をしていない人にはピンと来ない面もあるかもしれませんが、あえて治療法の一端を紹介してみました。

読んでみればおわかりの通り、治療場面というのは、妥協と折衷の空間でもあります。しかし、理論面からみれば折衷的であっても、治療者個人としては、一定の倫理観や治療感覚のもとで技法が選択されているわけで、その意味では「厳密なるあいまい性」のような逆説の空間でもあります。どのような「現場」も、そのようなものかもしれませんが。

多くの治療者は、こういうややこしいことをあれやこれやと考え、ときには迷いながらも治療にあたっています。私たちは決して、患者さんのとりあえずの「安心」や「幸福」だけをめざしているわけではありません。それならばカルト宗教で十分でしょう。

ただ私たちは、最終的に患者さんの心が、より「自由」な状態になることをめざしているのだ、という印象をもっていただけたら幸いです。

あとがき

長時間の診察を終えた後で、遅い時間に一人で夕飯を食べることがよくあります。別に私はグルメではありませんから、とりあえず空腹の苦痛が癒されれば十分です。だからクリニックのそばの牛丼屋や、駅構内の中華料理店などもよく利用します。

もちろん家族と一緒の夕飯もいいものですし、少しでも時間があれば、せめて食事だけでも一緒にとるようにしています。家族といるときの私は料理もしますし、洗い物もいといません。私にとって家族との食事は、その準備から後始末に至るまで、とても大切なイベントなのです。

しかし正直なところ、私はたった一人でとる外食も、それほど嫌いではありません。

そういう私の心情にぴったりくるのが、ある漫画にあったこんなセリフです。

「モノを食べる時はね　誰にも邪魔されず　自由で　なんというか　救われてなきゃあダメなんだ　独りで静かで豊かで……」

これは、久住昌之／谷口ジローの『孤独のグルメ』（扶桑社）という作品で、主人公が口にする言葉です。食事中に店員を口汚く叱りつける店主に、この孤独な中年男性は毅然として抗議するのです。そのへんの定食屋でこんなに堂々と抗議しても……という正論はともかく、この言葉は私の心の深いところに刻まれて今に至ります。

私自身は長期間ひきこもった経験をもちませんが、心情的にはかなりひきこもり青年に親近感を感じます。もし人間を社交系とひきこもり系に分けるとしたら、私は間違いなく後者でしょう。

一人で食事をしながら、ふとあの漫画のセリフを思い出しては、私はしばしば夢想します。もし自分がひきこもることがあるとしたら、せめて「自由で」「救われて」「静かで豊か」にひきこもりたいものだ、と。

さて、そういう個人的な心情はともかくとして、私はひきこもりの治療者でもあります。ひきこもり青年がやってきたら、精神科医として治療を引き受けなければならない立場です。

この仕事を長年続けてきて、理念的なことはともかく、現実のひきこもり青年たちは、ますますきつく、苦しい状況に追い込まれつつあるというのが正直な実感です。何とかしてやりたい気持ちはあっても、状況の厳しさや彼らの絶望感の深さが、なかなか楽観を許しません。立ち直っていく人ももちろん少なくはないのですが、苦しむ人の数が減ったようには思えないのです。

現在、私の「治療」の大半は、家族への支援が中心です。なかなか治療に参加してもらえない本人に対して、家族を通じてどんなふうに働きかけ、治療への導入をはかるのがよいか。その場その場の必要性に迫られながら、この二〇年間というもの、私はその方法論に工夫を重ねてきました。それはほとんど暗中模索と試行錯誤の連続だったといっても過言ではありません。

かつて、「ひきこもり」という言葉がまだいわれていなかった時代には、もちろん教科書もマニュアルもありませんでした。幸い私は師と仲間には恵まれたので、協力し合って独自の方法論を蓄積していきました。その詳細は、『社会的ひきこもり』（PHP新書）と『「ひきこもり」救出マニュアル』（PHP研究所）に記してあります。

しかし、これらの本には、詳しい方法論はあっても、理論的な裏づけは十分に書けませんでした。

本来方法論というものは、そのバックボーンとなった理論とともに学ぶことで、最も効率よく、確実に血肉化されるものです。いずれそういう本も書かなければと漠然と考えていたところに、「はじめに」でも述べた「理論講座」の企画が持ち込まれたのでした。

もちろん、理屈がわかったからといって、すぐに上手に対応できるようになるとは限りません。「定石を覚えて二目弱くなり」という川柳があるように、方法論を学ぶと、それまで自己流でうまくできていたことが、かえってできなくなってしまうこともあるからです。

この本を読めば、とりあえず理屈はわかるでしょう。でも、取り入れたばかりの理屈はまだ「異物」です。それまで、それぞれの家族が自然体でこなしてきたことが、そういう異物の侵入によって、ぎくしゃくすることもあり得るのです。

しかし、理論を学んで一時的にぎくしゃくするのは、むしろ当たり前のことです。学ぶことを恐れるべきではありません。学んだ直後は、いっとき弱くなったり下手になったりすることもあるかもしれませんが、それがだんだん馴染んでくるなかで、さらなる上達や飛躍が起こるのです。これは、何も治療に限らず、いかなる領域でも起こり得ることだと思います。

ただし、ここで「理論」というものについても、多少は「付き合い方」を心得ておく必要があります。

例えば、私自身は精神分析の理論家として、ジャック・ラカンの理論を最も信頼しています。しかしラカン理論は、知的に洗練されすぎていて、泥臭い臨床現場ではあまり役に立たないことも多いのです。

むしろ現場で「使える」度合いでいえば、本書で取り上げたコフート、クラインといった分析家の理論の方が優れていると思います。その意味でこの本は、いろいろな理論家の「いいとこ取り」をめざしていますので、その点ではちょっと混乱された方もいるかもしれません。

どれか一つに理論的立場がはっきりしないと困る、という人もいるでしょう。しかし、心に関する唯一絶対の真理など存在しません。昨今ブームの「脳」にしても、確実にわかっていることは驚くほど少ないのです。そういうタイプの問題については、私はむしろ、いろいろな理論の「使えるところ」をうまく折衷して使うのがよいと考えています。「この場面はあの理論のあのエピソードが当てはまるな」とか、「あの本に紹介されていたこの症例に似ているな」とか、そういう引き出しはたくさんあった方がいいのです。いろいろ知りすぎるとかえって混乱するのではないかと思われるかもしれませんが、実践の場がある精神療法家は、意外と混乱しないものです。

これはもちろん、臨床家に限った話ではありません。誰もが自分なりの人間観や人間理解をもっているものです。それを理論で壊すのではなく、そういう自分なりの理解をちょっとずつ修正したり洗練したり、全体として豊かにしていくために、理論を使えばいいのです。

臨床家にしても、あまり一つの理論に凝りすぎると、その理論向きの患者さんしか診ることができなくなるそうです。それでは本末転倒で、理論はあくまでも、臨床をより複雑に、豊かにするためにあるべきだと私は考えます。

心には形がありません。物理法則に従うような構造もありません。だからこそ、心に関する理論は、どんなに優れたものであっても、すべて仮説です。仮説だから頼りないのではなく、仮説だからこそ「使える」のです。

人工的な理論など役に立たない、という人もいます。善意と情熱があれば十分、という人もいます。しかし無手勝流の情熱は、あるところまではうまくいっても、そこから先は空回りや、不毛なものになりやすい。かといって逆に理論だけでは、患者不在の冷たい治療になりやすいところがあります。やはり重要なのはバランスでしょう。臨床家は頭のなかを複雑にしておく必要がある、と教えてくれたのは神田橋條治さんです。私はこれをもじって「理論は過激に、臨床は素朴に」を自分のためのスローガンとしています。

複雑な内面をもつことの意味はいろいろあります。そういうところから生まれるためらいや葛藤が、治療に余韻と味わいをもたらす、ということもあるでしょう。治療者にも患者の言動に感情的に反応したり、紋切り型の憶測に走ってしまったり、世間的な常識で善悪の判断をしそうになったりすることがあります。そんなとき、「複雑さ」は常に、一種の慎重さをもたらしてくれるでしょう。

もう一つの効用は「アイデア」です。

当事者であるご家族の日常から生まれてきた創意工夫は、しばしば素晴らしい成果をもたらします。しかし残念ながら、それは誰にでもできることではありません。単なる思いつきではない有益なアイデアは、どこから生まれてくるのでしょうか？

いろいろな理論を学んで、内面が複雑になっていると、さまざまな知識の断片が結びついて、思いもよらない発想が生まれることもあります。膠着した家族関係を「快い意外性」でほぐしてくれるようなアイデア。そう、複雑さはアイデアが発芽するための豊かな土壌なのです。

「チャンスは準備された心におとずれる」というパスツールの言葉をもじっていえば、「アイデアは準備された心におとずれる」ともいえるでしょう。

ここに、冒頭で述べたような、「自由で」「救われて」「静かで豊か」な時間が加われば、申し分ありません。

この本の内容がいくぶん抽象的で、懇切丁寧なマニュアルではない理由の一つもそこにあります。私が参考にしてきた理論を読者にも共有してもらい、「ひきこもり」への単純な理解が、多少の混乱を含んだ複雑なものに変わること。そこから多くの有益なアイデアが生まれてくることを願ってやみません。

本書もまた、多くの方々の協力のうえに書かれました。

青少年健康センターのスタッフの方々には、理論講座「不登校・ひきこもり援助論」の発案から運営に至るまで尽力していただきました。ご参加いただいた多くのご家族からの感想や意見も大いに参考にさせていただきました。ここに記して感謝いたします。

中央法規出版の塚田太郎さんには、講座の記録にはじまり、執筆中には何度も行徳や船橋まで足を運ばせ、深夜までお付き合いいただきました。彼の辛抱強い促しがなければ、本書の完成ははるかに遅れたと思います。塚田さんの熱意に感謝します。

二〇〇七年九月九日――台風一過の水戸市百合ヶ丘にて

斎藤　環

文庫版あとがき

ふだん僕は勤務医として、ひきこもり青年達の「治療」に当たっている。その経験から蓄積してきた具体的なノウハウは、『社会的ひきこもり　終わらない思春期』（PHP新書）や『「ひきこもり」救出マニュアル』（PHP研究所）などにまとめてきた。これらの本に記された方法論は、実用性を優先したため、理論的説明ぬきで「適切と思われる対応法」のみを無造作に列挙したものだ。

しかし実際には、僕の方法には無数の理論の断片がモザイクのように織り込まれている。なかでも引用頻度が高いのは、ひときわ強く輝く四つの巨星、コフート、ラカン、クライン、ビオンの理論だ。

これらの理論を同列に論ずることには、異論も多いはずだ。実際、コフート的人間観とラカン的人間観は大きく隔たっている。しかしこれは「どちらが正しいか」という問題ではなく、アプリケーションの違い、と考えたほうが良い。

コフート理論に「他者」はないが、そのぶん「自己愛」の成り立ちを精密に記述できる。ラカン理論はナルシシズムを軽蔑的に扱うが、それは「他者」の持つ計り知れない価値を知るためだ。

ひきこもりを知ること、それは「人間」そのものを知ることだ。ならばその視点は、複眼的であることが望ましい。本書で紹介した四つの理論アプリケーションを通して、ひきこもりへの多面的な理解を深めていただければ幸いである。

本書の解説は、わが国で初めて——ということは世界でも初めて——社会学の視点からひきこもりに関する研究書『ひきこもりの社会学』（世界思想社）を著した井出草平さんにお願いした。井出さんもまた、「異なる角度から現象の重層的な分析」をする意義について述べている。そう、「社会学アプリケーション」もまた、ひきこもりについて僕が知らない顔を浮かび上がらせてくれるのだ。井出さん、素晴らしい解説をありがとう。

文庫版の表紙イラストは、ひきこもりキャラ（『さよなら絶望先生』の小森霧など）を描かせたら漫画界で右に出るもののない久米田康治さんにお願いしたところ、幸運にも快諾していただいた。カバーデザインを担当していただいた井上則人さんのおかげもあって、本書は日本一キュートな表紙のひきこもり本として再生した。久米田さん、井上さん、思わず抱きしめたくなるような表紙をありがとうございます。

今回の文庫化に際しては、『生き延びるためのラカン』にひきつづき、羽田雅美さんのお世話になった。表紙イラストの件にはじまり、僕のわがままをスムーズに実現していただいたことを感謝したい。今後ともよろしくお願いします。

二〇一二年九月六日

斎藤　環

参考文献

第1章

井出草平『ひきこもりの社会学』世界思想社、二〇〇七年
樫村愛子『ネオリベラリズムの精神分析』光文社新書、二〇〇七年
貴戸理恵『不登校は終わらない』新曜社、二〇〇四年
玄田有史『仕事のなかの曖昧な不安』中央公論新社、二〇〇一年
玄田有史・曲沼美恵『ニート』幻冬舎、二〇〇四年
小島貴子『就職迷子の若者たち』集英社新書、二〇〇六年
小杉礼子編『フリーターとニート』勁草書房、二〇〇五年
斎藤環『若者のすべて』ＰＨＰエディターズ・グループ、二〇〇一年
斎藤環『ひきこもり文化論』紀伊國屋書店、二〇〇三年
斎藤環『「負けた」教の信者たち』中公新書ラクレ、二〇〇五年
斎藤環『家族の痕跡』ちくま文庫、二〇一〇年
宮本みち子『若者が《社会的弱者》に転落する』洋泉社　新書y、二〇〇二年
本田由紀・内藤朝雄・後藤和智『「ニート」って言うな！』光文社新書、二〇〇六年
本田由紀編『若者の労働と生活世界』大月書店、二〇〇七年
山田昌弘『希望格差社会』筑摩書房、二〇〇四年

第2章

ジャック・ラカン著、宮本忠雄・竹内迪也・高橋徹・佐々木孝次訳『エクリⅠ』弘文堂、一九七二年
ジャック・ラカン著、佐々木孝次・三好暁光・早水洋太郎訳『エクリⅡ』弘文堂、一九七七年
ジャック・ラカン著、佐々木孝次・海老原英彦・葦原眷訳『エクリⅢ』弘文堂、一九八一年
ジャック・ラカン著、小出浩之・新宮一成・鈴木國文・小川豊昭訳『セミネール11巻　精神分析の四基本概念』岩波書店、二〇〇〇年
斎藤環『生き延びるためのラカン』ちくま文庫、二〇一二年
新宮一成『ラカンの精神分析』講談社現代新書、一九九五年
十川幸司『精神分析への抵抗―ジャック・ラカンの経験と論理』青土社、二〇〇〇年
福原泰平『ラカン―鏡像段階　現代思想の冒険者たち第13巻』講談社、一九九八年
藤田博史『精神病の構造―シニフィアンの精神病理学』青土社、一九九〇年
ロラン・シェママ編、小出浩之・加藤敏・新宮一成・鈴木國文・小川豊昭訳『精神分析事典』弘文堂、一九九五年
マルセル・マリーニ著、榎本譲訳『ラカン―思想・生涯・作品』新曜社、一九八九年

第3章

ハインツ・コフート著、水野信義・笠原嘉監訳『自己の分析』みすず書房、一九九四年

ハインツ・コフート著、本条秀次・笠原嘉監訳『自己の修復』みすず書房、一九九五年
ハインツ・コフート著、本条秀次・笠原嘉監訳『自己の治癒』みすず書房、一九九五年
P・H・オーンスタイン編、伊藤洸訳『コフート入門―自己の探求』岩崎学術出版社、一九八七年
ミリアム・エルソン編、伊藤洸監訳『コフート自己心理学セミナー1～3』金剛出版、一九八九年、一九九〇年、一九九二年
丸田俊彦『コフート理論とその周辺―自己心理学をめぐって』岩崎学術出版社、一九九二年

第4章

メラニー・クライン著作集、誠信書房、一九八三～八八年、一九九六～九七年
ロバート・D・ヒンシェルウッド著、福本修・木部則雄・平井正三訳『クリニカル・クライン―クライン派の源泉から現代的展開まで』誠信書房、一九九九年
H・スィーガル著、岩崎徹也訳『メラニー・クライン入門（現代精神分析双書第Ⅱ期第1巻）』岩崎学術出版社、一九七七年
E・B・スピリウス編、松木邦裕監訳『メラニー・クライン トゥデイ①―精神病者の分析と投影同一化』岩崎学術出版社、一九九三年
E・B・スピリウス編、松木邦裕監訳『メラニー・クライン トゥデイ②―思索と人格病理』岩崎学術出版社、一九九三年
E・B・スピリウス編、松木邦裕監訳『メラニー・クライン トゥデイ③―臨床と技法』

岩崎学術出版社、二〇〇〇年
松木邦裕『対象関係論を学ぶ―クライン派精神分析入門』岩崎学術出版社、一九九六年
ウィルフレッド・ビオン著、祖父江典人訳『ビオンとの対話―そして、最後の四つの論文』金剛出版、一九九八年
ウィルフレッド・ビオン著、松木邦裕・祖父江典人訳『ビオンの臨床セミナー』金剛出版、二〇〇〇年
ウィルフレッド・ビオン著、福本修訳『精神分析の方法I―セブン・サーヴァンツ』法政大学出版局、一九九九年
ウィルフレッド・ビオン著、福本修・平井正三訳『精神分析の方法II―セブン・サーヴァンツ』法政大学出版局、二〇〇二年
L・グリンベルグ他著、高橋哲郎訳『ビオン入門』岩崎学術出版社、一九八二年

第5章

伊藤順一郎・吉田光爾・小林清香ほか『「社会的ひきこもり」に関する相談・援助状況実態調査報告』、厚生労働科学研究事業『地域精神保健活動における介入のあり方に関する研究』(主任研究者・伊藤順一郎)報告書「10代・20代を中心とした「ひきこもり」をめぐる地域精神保健活動のガイドライン―精神保健福祉センター・保健所・市町村でどのように対応するか・援助するか」付録、二〇〇三年 (http://www.mhlw.go.jp/topics/2003/07/tp0728-1.html に掲載)
稲村博『若者・アパシーの時代』日本放送出版協会、NHKブックス、一九八九年

笠原嘉『アパシー・シンドローム』岩波書店、一九八四年
狩野力八郎・近藤直司編『青年のひきこもり』岩崎学術出版社、二〇〇〇年
倉本英彦編著『社会的ひきこもりへの援助』ほんの森出版、二〇〇二年
斎藤環『社会的ひきこもり』PHP新書、一九九八年
斎藤環『「ひきこもり」救出マニュアル』PHP研究所、二〇〇二年
斎藤環編『ひきこもる思春期』星和書店、二〇〇二年

第6章

神田橋條治『精神科診断面接のコツ（追補）』岩崎学術出版社、一九九四年
神田橋條治『精神療法面接のコツ』岩崎学術出版社、一九九〇年
神田橋條治『精神科養生のコツ』岩崎学術出版社、一九九九年
神田橋條治『「現場からの治療論」という物語』岩崎学術出版社、二〇〇六年
神田橋條治『発想の航跡　神田橋條治著作集』岩崎学術出版社、一九八八年
神田橋條治『発想の航跡2　神田橋條治著作集』岩崎学術出版社、二〇〇四年
神田橋條治『治療のこころ1〜12巻』花クリニック神田橋研究会
神田橋條治『対話精神療法の初心者への手引き』花クリニック神田橋研究会、一九九七年
神田橋條治『対話精神療法の臨床能力を育てる』花クリニック神田橋研究会、二〇〇七年
中井久夫『中井久夫著作集　精神医学の経験　2巻　治療』岩崎学術出版社、一九八五年
中井久夫『精神科治療の覚書』日本評論社、一九八二年
中井久夫『家族の深淵』みすず書房、一九九五年

中井久夫『治療文化論』岩波現代文庫、二〇〇一年
中井久夫・山口直彦『看護のための精神医学　第2版』医学書院、二〇〇四年
中井久夫『こんなとき私はどうしてきたか』医学書院、二〇〇七年

解説　重層的な「ひきこもり」の理解の必要性

井出草平

本書の試みは、タイトルである『なぜ「治る」のか?』という一文に凝縮されている。このタイトルには「なぜ」と「治る」という二つの要素が含まれている。「なぜ」というのは、プロセスの説明、もしくは因果関係を示す言葉である。一方の「治る」というのは精神医学的治療で回復していくことを意味している。ひきこもりを扱った本は多く出版されているが、この二つの要素を持ち合わせたもの、つまり治療を体系的に理論づけたのは本書をおいて他にない。

ひきこもりを「治す」という言葉から、治療者や支援者向けの書籍だと思われるかもしれない。しかし、本書を読むと決してそうではないことがわかるはずだ。ひきこもりから回復するということは、彼らが持つ課題が解決されるということを意味する。従って、その回復過程を追うことによって、ひきこもりが直面する課題を知ることもできるのだ。治療理論を通してひきこもりを理解するという切り口を持っているのも本書だけであろう。

医学における治療としてもっとも頻繁に使われるのは手術や投薬である。精神医学では、特に投薬を中心とした治療がされる。しかし、ひきこもりの場合には、投薬という選択肢には限界がある。なぜなら、「ひきこもり状態」に効く薬は存在していないからである。飲むだけで、他者とのコミュニケーションをとり始め、学校に行ったり、働き始めるという薬があれば便利だろう。しかし、このような薬がないことは少し想像をしただけでもわかる。

では、どうするのか。斎藤氏は他書で「人薬」という概念を提唱している。人薬とは、人間関係を活用して治療を行うという考え方である。本書では特に家族関係に着目して、家族がどのように本人に接していけば、回復につながるかということに重点が置かれている。「人薬」という言葉は登場しないものの、この考え方は本書でも共有されている。本書の内容を要約するとするならば、ひきこもりを治療するために、どのように人薬を処方していくかということを精神分析的に説明したものだと言えよう。

さて、解説を承った私はひきこもりを研究しているという点では斎藤氏と共通点があるのだが、社会学という別の学問を学んできた人間である。斎藤氏が専門としている精神分析や精神病跡学とは違った出自を持っている。社会学のトレーニングを受け、社会学的な観点からひきこもりを研究してきた私にとっては、精神分析によるひきこもりの分析は非常に新鮮である。いくらがんばっても、自分の中からは決して出てこない発想に満ちあふれているからだ。

社会学は、制度や文化といった「社会的なもの」が個人に働きかけるダイナミズムを分析する学問である。一方で、精神分析は人間の内面、心の葛藤の動きなどから人の状態や病理を説明する。本書で紹介されているものだと、ラカンの「欲望は他人の欲望である」や、コフートの「野心」と「理想」などの説明原理だ。このような発想は社会学者にはないものである。分析の方法は精神医学と社会学では異なる。ただ、両者全く異なった結論に行き着くかというと、そうではないように思える。気づかないうちに似たような分析や説明をしていることもしばしばあるのだ。

例えば、本書で登場するビオンは、集団は一つの実体をもった存在であり、単なるメンバーの心理的集合体ではないと論じていた。社会学も同様の発想をする。社会に属するメンバーの集合ではなく、それとは別個の「社会的なもの」があると仮定する。これはビオンの発想に非常に類似していると言えよう。数人の個人が構成する集団である家族とひきこもりのダイナミクスを論じるのがビオン流のひきこもり分析ならば、社会と家族、社会と個人のダイナミクスを論じるのが社会学といえる。

実際に、大学生のひきこもりを題材に、本書に登場したコフート理論と社会学の分析を比較してみよう。

社会学者である私が着目するのは、高校と大学の間にある制度とコミュニケーションの変化である。高校から大学に進学すると、環境ががらりと変わる。中学校や高校ではクラスという制度があり、朝から夕方まで同じメンバーで授業を受ける。そして、座席も一定期間は同じである。よほどのことがない限り、学校に行って誰とも話さなかったということは起きない。中学校・高校という学校の制度は、自然とコミュニケーションを生み出すようにできているのだ。しかし、大学に進学すると今までとは勝手が違う。大学ではクラスがないか、あったとしても週一回集まるような形態が多い。席も授業毎に異なる。高校までと同じように振る舞っていると、友人ができないばかりか、大学に行っても誰とも話さないという状況がうまれるのだ。大学では、必修科目や語学のクラスなどを活用して、積極的に友人作りをしなければいけない。クラブやサークルといった活動も重要になるだろう。こういった高校と大学のコミュニケーション機会の変化に適応できない学生が生まれる。大学内で孤立した学生は、次第に大学から足が遠のき、そして、ひきこもりに至る。

このようにみると、ひきこもりは本人の責任とは言いづらい。なぜなら、小学校から高校までの一二年間ずっと同じであったコミュニケーションの作法が、大学生になった瞬間から、今日からは積極的にコミュニケーションをして、友人作りをしていかないといけませんよ、と変わるからだ。このような急激な変化に対応できない学生が一定確率で出てきても不思議ではない。

高校から大学への変化によってひきこもりが生まれる。このひきこもりの分析は学校制度の変化を説明要因にしているため、社会学的な説明と言える。

ただ、おそらく制度の変化だけでひきこもりが生じるわけではない。実際に大学でひきこもり状態を経験者に聞くと、高校時代も友達と呼べる人がいなかった、受験勉強に必死になりすぎて友人関係がなかったといったコミュニケーションの希薄さも見て取れる。これはコフートの理論では「双子自己ｰ対象」の問題だと考えられる。「双子自己ｰ対象」は家族が与えることができず、友人関係などを通じて磨かれる才能やスキルのようなものだとされる。大学で適応しようという「理想」を持ったとしてもスキルが伴わないと達成することは難しい。高校時代までに「双子自己ー対象」を通じたコミュニケーション・スキルを培っておかないことが、大学への不適応に通じるのだ。

精神分析は社会学とは着目する点が違い、異なった発想をする学問ではある。しかし、先ほどの大学生のひきこもりの分析を比較してみると相反する結論が導かれるわけではない。むしろ、異なる角度から現象の重層的な分析をすることができる。精神分析、社会学はその成り立ちも、分析方法も異なる。別の説明原理を持った学問であっても、分析の着地点は、互いに互いを補うような形になるのではないだろうか。これは精神分析と社会学に限ったことではなく、心理学など他の様々な学問にも当てはまることであろう。

さまざまな角度から分析をすることによって、現象が重層的に理解できるようになる。そして、それぞれの知見を組み合わすことによって、治療や支援のヒントや政策を組み立てる新しい論拠が生まれてくるはずである。

ひきこもりという言葉は、知らない人がいないと言っていいほどに日本では広まった。しかし、現実のひきこもり現象の理解や分析は十分になされているとは言えない。

未だに問題は山積している。本書のような秀逸なひきこもりの分析を斎藤氏に今後も期待する一方で、他の学問や研究者によってひきこもりを分析する書籍や研究が多く生み出されることを願ってやまない。

（いで・そうへい　社会学者）

本書は二〇〇七年一〇月、中央法規出版より刊行された。

戦闘美少女の精神分析　斎藤環

ナウシカ、セーラームーン、綾波レイ……「戦う美少女」たちは、日本文化の何を象徴するのか。「おたく」「萌え」の心理的特性に迫る。（東浩紀）

家族の痕跡　斎藤環

様々な病の温床ではあるが、他のどんな人間関係よりましである。著者だから書ける、最も刺激的にして愛情あふれる家族擁護論。（荻上チキ）

生き延びるためのラカン　斎藤環

幻想と現実が接近しているこの世界で、できるだけリアルに生き延びるためのラカン解説書にして精神分析入門書。カバー絵に荒木飛呂彦。（中島義道）

ハーメルンの笛吹き男　阿部謹也

「笛吹き男」伝説の裏に隠された謎はなにか？　十三世紀ヨーロッパの小さな村で起きた事件を手がかりに中世における「差別」を解明。（石牟礼道子）

自分のなかに歴史をよむ　阿部謹也

キリスト教に彩られたヨーロッパ中世社会の研究で知られる著者が、その学問的来歴をたどり直すことを通して描く〈歴史学入門〉。（山内進）

逃走論　浅田彰

パラノ人間からスキゾ人間へ、住む文明から逃げる文明への大転換の中で、軽やかに〈知〉と戯れるためのマニュアル。

生きさせろ！　雨宮処凛

若者の貧困問題を訴えた記念碑的ノンフィクション。湯浅誠、松本哉、入江公康、杉田俊介らに取材。JCJ賞受賞。最終章を加筆。（姜尚中）

新版 タイムトラベルの哲学　青山拓央

「流れる時間」という常識は本当なのか。SF小説などでおなじみのタイムトラベルを手掛かりに時間論の本質に迫るスリリングな入門書。（永井均）

僕のこころを病名で呼ばないで　青木省三

こころの病に名前を付けることで見失ってしまう若者たちの多様性を、彼らと正面から向き合うことをとおして、診療の現場から考える。（山登敬之）

増補 経済学という教養　稲葉振一郎

新古典派からマルクス経済学まで、知っておくべき経済学のエッセンスを分かりやすく解説。本書を読めば筋金入りの素人になれる⁉（小野善康）

霞が関「解体」戦争　猪瀬直樹

無駄や弊害ばかりの出先機関や公益法人はもういらない——地方分権改革推進委員会を舞台として、官僚を相手に繰り広げた妥協なき闘いの壮絶な記録。

脱貧困の経済学　飯田泰之／雨宮処凛

格差と貧困が広がり閉塞感と無力感に覆われている日本。だが、経済学の発想を使えばまだ打つ手はある。追加対談も収録して、貧困問題を論じ尽くす。

ザ・フェミニズム　上野千鶴子／小倉千加子

当代きってのフェミニスト二人が、さまざまなトピックを徹底的に話しあった。今、あなたのフェミニズム観は根本的にくつがえる。（遙洋子）

サヨナラ、学校化社会　上野千鶴子

東大に来て驚いた。現在を未来のための手段とし、偏差値一本で評価を求める若者。ここからどう脱却する？　丁々発止の議論満載。（北田暁大）

大人は愉しい　内田樹／鈴木晶

大学教授がメル友に。他者、映画、教育、家族——批判だけが議論じゃない。「中とって」大人の余裕で生産的に。深くて愉しい交換日記。

テレビは何を伝えてきたか　植村鞆音／大山勝美／澤田隆治

テレビを巡る環境は一変した。草創期から番組作りに携わった「生き字引」の三人が、秘話をまじえて歴史を辿り、新時代へ向けて提言する。

雇用の常識　決着版　海老原嗣生

昨今誰もが口にする「日本型雇用の崩壊」がウソであることを、様々なデータで証明した話題の本。時代に合わせて加筆訂正した決定版。（勝間和代）

女の人生すごろく　小倉千加子

思春期→おつきあい→OL→結婚、で「あがり」？　抱腹絶倒のうちに、次々と明かされていく女の人生。西原理恵子さんとの語り下ろし対談付き。

セックス神話解体新書　小倉千加子

これでどうだ！　小気味いいほど鮮やかに打ち砕かれていく性の神話の数々。これ一冊であなたのフェミニズムに対する疑問は氷解する。（柏木恵子）

世界史の誕生　岡田英弘

世界史はモンゴル帝国と共に始まった。東洋史と西洋史の垣根を超えた世界史を可能にした、中央ユーラシアの草原の民の活動。

日本史の誕生　岡田英弘

「倭国」から「日本国」へ。そこには中国大陸の大きな政治のうねりがあった。日本国の成立過程を東洋史の視点から捉え直す刺激的論考。

倭国の時代　岡田英弘

世界史的視点から「魏志倭人伝」や「日本書紀」の成立事情を解明し、卑弥呼の出現、倭国王家の成立、日本国誕生の謎に迫る意欲作。

百年の誤読　岡野宏文　豊﨑由美

ベストセラーは、誰もが面白いと思い、素晴らしいと思った本ばかりか？　二人の読書の鬼が検証した、ベストセラー百年史。（呉智英）

〈雅子さま〉はあなたと一緒に泣いている　香山リカ

「均等法第一世代」の40代女性の悩みは、皇太子妃雅子さまの苦しみと共通している。問題解決へのヒントとは？〈文庫版長いあとがき〉を付す。

敗戦後論　加藤典洋

「戦後」とは何か？　敗戦国が背負わなければならなかった「ねじれ」を、われわれはどうもちこたえるのか？　ラディカルな議論が文庫で蘇る。（内田樹）

学校って何だろう　苅谷剛彦

「なぜ勉強しなければいけないの？」「校則って必要なの？」等、これまでの常識を問いなおし、学ぶ意味を再び摑むための基本図書。（小山内美江子）

三題噺　加藤周一

丈山の処世、一休の官能、仲基の知性……著者自らの人生のテーマに深くかかわる三人の人生の断面を見事に描いた意欲的創作集。（鷲巣力）

よいこの君主論　架神恭介　辰巳一世

戦略論の古典的名著、マキャベリの『君主論』が、小学校のクラス制覇を題材に楽しく学べます。学校、職場、国家の覇権争いに最適のマニュアル。

増補決定版
宮崎駿の〈世界〉　切通理作

最新作「崖の上のポニョ」論のほか書き下ろしを大幅増補。国際的アニメ作家の魅力の全体像に迫る！第24回サントリー学芸賞受賞。（川本三郎）

闇屋になりそこねた哲学者　木田元

原爆投下を目撃した海軍兵学校帰りの少年は、ハイデガーとの出会いによって哲学を志す。自伝の形を借りたユニークな哲学入門。（与那原恵）

名画の言い分　木村泰司

「西洋絵画は感性で見るものではなく読むものだ」。斬新で具体的なメッセージを豊富な図版とともにわかりやすく解説した西洋美術史入門。（鴻巣友季子）

10宅論　隈研吾

ワンルームマンション派・カフェバー派・清里ペンション派・料亭派などの住宅志向を分析しながら論ずる日本人論。（山口昌男）

禅語遊心　玄侑宗久

世間の常識は疑ってかかる。無邪気に心を解き放つ。禅の真骨頂を表すことばの数々を、季節の移ろいに寄り添いながら味わい尽くす。（江上剛）

考現学入門　今和次郎　藤森照信編

震災復興後の東京で、都市や風俗への観察・採集からはじまった〈考現学〉。その雑学の楽しさを満載し、新編集でここに再現。（藤森照信）

日本異界絵巻　小松和彦／宮田登／鎌田東二／南伸坊

役小角、安倍晴明、酒呑童子、後醍醐天皇ら、妖怪変化、異界人たちの列伝。魑魅魍魎が跳梁跋扈する闇の世界へようこそ。挿画、異界用語集付き。

福の神と貧乏神　小松和彦

福の神や貧乏神はどこにやってくるのか。七福神の由来とは何なのか。それらを手掛かりにして、日本人にとっての幸福や富の意味を探っていく。

レトリックと詭弁　香西秀信

「沈黙を強いる問い」「論点のすり替え」など、議論に仕掛けられた巧妙な罠に陥ることなく、詐術に打ち勝つ方法を伝授する。

「社会を変える」を仕事にする　駒崎弘樹

元ＩＴベンチャー経営者が東京の下町で始めた「病児保育サービス」が全国に拡大。「地域を変える」が「世の中を変える」につながった。

紅一点論　斎藤美奈子

「男の中に女が一人」は、テレビやアニメで非常に見慣れた光景である。その「紅一点」の座を射止めたヒロイン像とは!?（姫野カオルコ）

質問力　齋藤孝

コミュニケーション上達の秘訣は質問力にあり！これさえ磨けば、初対面の人からも深い話が引き出せる。話題の本の、待望の文庫化。（斎藤兆史）

段取り力 齋藤孝

仕事でも勉強でも、うまくいかない時は「段取りが悪かったのではないか」と思えば道が開かれる。段取り名人となるコツを伝授する！ （池上彰）

コメント力 齋藤孝

オリジナリティのあるコメントを言えるかどうかで「おもしろい人」「できる人」、という評価が決まる。優れたコメントに学べ！

恋愛力 齋藤孝

「恋愛力」は「コメント力」である、という観点から様々な恋愛小説の中のモテる男のどこが優れているかを解き明かす。 （眞鍋かをり）

齋藤孝の速読塾 齋藤孝

二割読書法、キーワード探し、呼吸法から本の選び方まで著者が実践する「脳が活性化し理解力が高まる」夢の読書法を大公開！ （水道橋博士）

齋藤孝の企画塾 齋藤孝

「企画」は現実を動かし、実現してこそ意義がある。成功の秘訣は何だったかを学び、「企画力」の鍛え方を初級編・上級編に分けて解説する。 （岩崎夏海）

仕事力 齋藤孝

「仕事力」をつけて自由になろう！ 課題を小さく明確なことに落とし込み、2週間で集中して取り組めば、必ずデキる人になる。 （海老原嗣生）

あなたはなぜ変われないのか サトウタツヤ 渡邊芳之

「性格は変わらない」？ なりたい自分になるために、性格は柔軟に変えていくことができるんです。目からウロコの「性格」の本。 （金原瑞人）

桜のいのち庭のこころ 佐野藤右衛門 塩野米松聞き書き

花は桜の最後の仕事なんですわ。花を散らして初めて芽が出て一年間の営みが始まるんです――桜守と呼ばれる男が語る、桜と庭の尽きない話。

家族を亡くしたあなたに キャサリン・サンダーズ 白根美保子訳

家族や大切な人を失ったあとには深い悲しみが長く続く。悲しみのプロセスを理解し乗り越えるための、思いやりにあふれたアドバイス。 （中下大樹）

増補新版 教育とはなんだ 重松清編著

学級崩壊、いじめ、引きこもり、学力低下。子供の姿を描き続ける作家が、激動する教育状況を現場のプロに聞く。教育を考えるヒントがいっぱい。

映画は父を殺すためにある　島田裕巳

〝通過儀礼〟で映画を分析することで、隠されたメッセージを読み取ることができる。宗教学者が教える、ますます面白くなる映画の見方。（町山智浩）

聞き書きにっぽんの漁師　塩野米松

北海道から沖縄まで、漁師の生活を訪ねて歩いた珠玉の聞き書き。テクノロジーの導入で失われる伝統の技、資源の枯渇……漁業の現状と未来。

木の教え　塩野米松

かつて日本人は木と共に生き、木に学んだ教訓を受け継いできた。効率主義に囚われた現代にこそ生かしたい「木の教え」を紹介。（丹羽宇一郎）

手業に学べ　心　塩野米松

失われゆく手仕事の思想を体現する、伝統職人の聞き書き。「心」は斑鳩の里の宮大工、秋田のアケビ蔓細工師など17の職人が登場、仕事を語る。

手業に学べ　技　塩野米松

伝統職人たちの言葉を刻みつけた、渾身の聞き書き。「技」は岡山の船大工、福島の野鍛冶、東京の檜皮葺き職人など13の職人が自らの仕事を語る。

ぼくが真実を口にすると　吉本隆明88語　勢古浩爾

吉本隆明の著作や発言の中から、とくに心に突き刺さったフレーズ、人生の指針となった言葉を選び出し、それを手掛かりに彼の思想を探っていく。

ことばが劈《ひら》かれるとき　竹内敏晴

ことばとこえとからだと、それは自分と世界との境界線だ。幼時に耳を病んだ著者が、いかにことばを回復し、自分をとり戻したか。

原子力戦争　田原総一朗

福島原発の事故はすでに起こっていた？　原子力船「むつ」の放射線漏れを背景に、巨大利権が優先される構造を鋭く衝いた迫真のドキュメント・ノベル！

「自分」を生きるための思想入門　竹田青嗣

なぜ「私」は生きづらいのか。「他人」や「社会」をどう考えたらいいのか。誰もがぶつかる問題を平易な言葉で哲学し、よく生きるための〝技術〟を説く。

文学部をめぐる病い　高田里恵子

戦中・戦後の独文学者を主な素材に、日本のエリート＝〈二流〉のメンタリティを豊富な引用を使って鮮やかに意地悪に描く。（斎藤美奈子）

橋本治と内田樹　橋本治／内田樹
不毛で窮屈な議論をほぐし直し、「よきもの」に変える成熟した知性が、あらゆることを語りつくす。伝説の対談集ついに文庫化！（鶴澤寛也）

東大で上野千鶴子にケンカを学ぶ　遙洋子
そのケンカ道の見事さに目を見張り「私も学問がしたい！」という熱い思いを読者に湧き上がらせた、涙と笑いのベストセラー。（斎藤美奈子）

世界がわかる宗教社会学入門　橋爪大三郎
宗教なんてうさんくさい!?　でも宗教は文化や価値観の骨格であり、それゆえ紛争のタネにもなる。世界宗教のエッセンスがわかる充実の入門書。

私の幸福論　福田恆存
この世は不平等だ。何と言おうと！　しかしあなたは幸福にならなければ……。平易な言葉で生きることの意味を説く刺激的な書。（中野翠）

お金じゃ買えない。　藤原和博
ほんとうに豊かな時間を得るための知恵とは？　お金じゃ買えない自分だけのI・A（見えない資産）を増やすための教科書。（テリー伊藤）

味方をふやす技術　藤原和博
他人とのつながりがなければ、生きてゆけない。でも味方をふやすためには、嫌われる覚悟も必要だ。ほんとうに豊かな人間関係を築くために！

人生の教科書「よのなかのルール」　藤原和博／宮台真司
〝バカを伝染（うつ）さない〟ための「成熟社会へのパスポート」です。大人と子ども、お金と仕事、男と女と自殺のルールを考える。（重松清）

人生の教科書「人間関係」　藤原和博
人間関係で一番大切なことは、相手に「！」を感じてもらうことだ。そのための、すぐに使えるヒントが詰まった一冊。（茂木健一郎）

人生の教科書「数学脳をつくる」　藤原和博／岡部恒治
「よのなか」には、実は数学的な考え方がとても多く隠されています。中の問題を解くことで、物事の「本質を見抜く力」が鍛えられていきます！

人生の教科書「情報編集力をつける国語」　藤原和博／重松清／橋本治
コミュニケーションツールとしての日本語力＝情報編集力をつけるのが国語。重松清の小説と橋本治の古典で実践教科書を完成。（平田オリザ）

公立校の逆襲　藤原和博
「よのなか」科を提唱し、民間出身の中学校長として学校改革に取り組んできた著者が、見て、考え、実践した、現場からの中間報告。

誰が学校を変えるのか　藤原和博
学校を核に地域社会を再生し、子供たちの学びを豊かにする！「よのなか」科、土曜寺子屋、そして「夜スペ」を実現した著者の提言。（苅谷剛彦）

世界でいちばん受けたい授業　藤原和博
著者が提唱することで一躍全国的な話題になり、見学者が続々と訪れた、「よのなか」科の授業の貴重な記録が一冊に。（長尾彰夫）

校長先生になろう！　藤原和博
あなたも校長先生になれる！　公立中学の教育を再生してきた著者の試行錯誤の実践を集約した、日本初「学校教育」の経営書。（鈴木寛）

反社会学講座　パオロ・マッツァリーノ
恣意的なデータを使用し、権威的な発想で人に説教する困った学問「社会学」の暴走をエンターテイメントな議論で撃つ！　真の啓蒙は笑いから。

続・反社会学講座　パオロ・マッツァリーノ
あの「反社会学」が不埒にパワーアップ。お約束と権威主義に凝り固まった学者たちを笑い飛ばし、庶民に愛と勇気を与えてくれる待望の続編。

脳はなぜ「心」を作ったのか　前野隆司
「意識」とは何か。どこまでが「私」なのか。死んだら「心」はどうなるのか。――「意識」と「心」の謎に挑んだ話題の本の文庫化。（夢枕獏）

錯覚する脳　前野隆司
「意識のクオリア」も五感も、すべては脳が作り上げた錯覚だった！　ロボット工学者が科学的に明らかにする衝撃の結論を信じられますか。（武藤浩史）

終わりなき日常を生きろ　宮台真司
「終わらない日常」と「さまよえる良心」――オウム事件直後出版の本書は、著者のその後の発言の根幹である。書き下ろしの長いあとがきを付す。

増補 サブカルチャー神話解体　宮台真司／石原英樹／大塚明子
少女カルチャーや音楽、マンガ、AVなど各種メディアの歴史を辿り、若者の変化を浮き彫りにした前人未到のサブカル分析。（上野千鶴子）

挑発する知 姜《カン》尚《サン》中《ジュン》 宮台真司

愛国心とは何か、国家とは何か、知識人の役割とは何か。アクチュアリティの高い問題を、日本を代表する論客が縦横に論じる。新たな対談も収録。

少年たちはなぜ人を殺すのか 宮台真司 香山リカ

少年たちが、あるいは社会が壊れているのか？ 気鋭の社会学者と精神科医が連続対談し、事件の深層に迫る。新たな宮台と香山の対談を付す。

ニッポン若者論 三浦展

なりたい仕事はキャバクラ嬢、江原啓之や美輪明宏を尊敬し、イオンやマクドナルドが好き。そんな平成の若者たちの実像を浮き彫りにする。（浅野智彦）

消費社会から格差社会へ 三浦展 上野千鶴子

80年代消費社会から、バブル崩壊やグローバル化を経て格差社会へ……。日本人の価値観にもたらされた変化の深層を語りつくす。

語る禅僧 南直哉

自身の生き難さと対峙し、自身の思考を深め、今と切り結ぶ言葉を紡ぎだす。永平寺修行のなかから語られる「宗教」と「人間」とは。（宮崎哲弥）

自分と向き合う「知」の方法 森岡正博

世の中、自分を棚に上げた物言いばかり。そうではない知の可能性を探り、男女問題、宗教、生命等を透徹した視点で綴るエッセイ。（鷲田清一）

あなたの話はなぜ「通じない」のか 山田ズーニー

進研ゼミの小論文メソッドを開発し、考える力、書く力の育成に尽力してきた著者が「話が通じるための技術」を基礎のキソから懇切丁寧に伝授！

希望格差社会 山田昌弘

職業・家庭・教育の全てが二極化し、「努力は報われない」と感じた人々から希望が消えるリスク社会日本。「格差社会」論はここから始まった！

やりなおし基礎英語 山崎紀美子

中学英語を新しい切り口で学ぶ。複雑にみえる英文法が見事に解明されていく。すらすら読めて新しい発見がある画期的な再入門書。（野口均）

心でっかちな日本人 山岸俊男

いじめは他人への思いやりが足りないから？ 日本人は集団主義で欧米人は個人主義？ こうした紋切り型の議論の罠に陥らないための処方箋。

新版 子どもの精神科　山登敬之

「先生、うちの子大丈夫？」年代ごとに現れやすい症状とその対処法を、児童精神科の専門医がやさしく解説。親と教師の必読書。（加茂登志子）

夏目漱石を読む　吉本隆明

主題を追求する「暗い」漱石と愛される「国民作家」をつなぐ資質の問題とは？　平明で卓抜な漱石講義十二講。第2回小林秀雄賞受賞。（関川夏央）

父の像　吉本隆明

漱石、鷗外、賢治、芥川、太宰……好きな文学者が描く父子像を検証し、自身の父親の人生をもふりかえりつつ展開する父子論。（清岡智比古）

脳の見方　養老孟司

脳が脳を考えて、答えは出るのか？　肉体・言語・時間……を論じ、脳とは何か、ヒトとは何かに迫る。「唯脳論」へと続くエッセイ集。（夢枕獏）

からだの見方　養老孟司

心は脳の機能なのか。からだが滅びると、心は一体どこへ行くのか。物とヒトとを見つめながら、果てしなく広がる思考の宇宙。（内田春菊）

解剖学教室へようこそ　養老孟司

解剖すると何が「わかる」のか。動かぬ肉体という具体から、どこまで思考が拡がるのか。養老ヒト学の原点を示す記念碑的一冊。（南直哉）

脳と魂　養老孟司　玄侑宗久

解剖学者と禅僧。異色の知による変幻自在な対話。二人の共振から、現代人の病理が浮き彫りになり、希望の輪郭が見えてくる。（茂木健一郎）

スタバではグランデを買え！　吉本佳生

身近な生活で接するものやサービスの価格を、やさしい経済学で読み解く。「取引コスト」という概念で学ぶ消費者のための経済学入門。（西村喜良）

ちぐはぐな身体《からだ》　鷲田清一

ファッションは、だらしなく着くずすことから始まる。中高生の制服の着崩し、コムデギャルソン、刺青等から身体論を語る。（永江朗）

哲学個人授業　鷲田清一　永江朗

哲学者のとぎすまされた言葉には、歌舞伎役者の切る「見得」にも似た魅力がある。哲学者23人の魅惑の言葉。文庫版では語り下ろし対談を追加。

ちくま文庫

ひきこもりはなぜ「治《なお》る」のか？
——精神分析的《せいしんぶんせきてき》アプローチ

二〇一二年十月十日　第一刷発行
二〇一四年五月二十日　第二刷発行

著　者　斎藤環（さいとう・たまき）
発行者　熊沢敏之
発行所　株式会社　筑摩書房
東京都台東区蔵前二―五―三　〒一一一―八七五五
振替〇〇一六〇―八―四一二三

装幀者　安野光雅
印刷所　星野精版印刷株式会社
製本所　株式会社積信堂

乱丁・落丁本の場合は、左記宛にご送付下さい。
送料小社負担でお取り替えいたします。
ご注文・お問い合わせも左記へお願いします。
筑摩書房サービスセンター
埼玉県さいたま市北区櫛引町二―六〇四　〒三三一―八五〇七
電話番号　〇四八―六五一―〇〇五三

ISBN978-4-480-42995-7 C0111